别样黄浦红

袁念琪 著

中共上海市黄浦区委宣传部专项支持

上海文化出版社
SHANGHAI CULTURE PUBLISHING HOUSE

目 录

辉足
煌迹

- 这里是毛主席到过的地方
- 恒丰纱厂的"阿刘"
- 李立三，出上海
- 周恩来在 1927 年 4 月的上海
- 暗战周公馆

● 中共一大代表宿舍旧址（博文女校）

【红·点】中国共产党第一次全国代表大会代表宿舍旧址 太仓路 127 号
【红·片】中国共产党第一次全国代表大会会址 兴业路 76 号
中国共产党发起组成立地（《新青年》编辑部）旧址 南昌路 100 弄 2 号
第一次国共合作时期国民党上海执行部旧址 南昌路 180 号
《天问》周刊旧址 淮海中路 523 号

这里是毛主席到过的地方

　　20 世纪 20 年代，毛泽东多次来到上海。在 1920 至 1924 年间，他住过安义路、太仓路和茂名北路。这三个地方，勾画出了他人生一段重要轨迹，按他自己的话来说，他从一个思想越来越激进、"赞同许多无政府主义的主张"的青年转为一个马克思主义者。其中最重要的，无疑是他住在太仓路的日子。他参加了中国共产党成立的中国共产党第一次全国代表大会，亲历他称之为"中国产生了共产党，这是开天辟地的大事变"。

　　1921 年 7 月。离开上海一年的毛泽东，来到这年由白尔路改名而来的蒲柏路，走进 389 号（今太仓路 127 号）的博文女校。他与何叔衡作为长沙共产党早期组织代表来参加中共一大。

这幢坐南朝北的老式石库门，以"北京大学师生暑期旅行团"之名住了与会者十人：毛泽东、何叔衡，还有张国焘、刘仁静、董必武、陈潭秋、王尽美、邓恩铭、周佛海和包惠僧。未住女校的是上海代表李汉俊、李达，他俩住自己家；广州代表、新婚的陈公博与妻子则住在永安公司大东旅社。在中华人民共和国成立后的1954年和1956年，包惠僧和董必武分别又去过当年开会住过的博文女校。

博文女校创办于1916年，校长黄绍兰毕业于京师女子师范学堂，书写校牌的章太炎称赞这弟子"其通明国故，兼善文辞，在今世士大夫中所不多见"。选此为代表住地，一是因为离开会的李汉俊、李书城望志路106号（今兴业路76号）的家只二百多米，走过去十分钟内；二是因为黄校长与这些共产党人关系甚好：她与李汉俊同乡，黄绍兰丈夫黄侃与董必武同学，也是陈独秀好友；李达妻子王会悟是校董事长黄兴夫人徐宗汉的秘书。

学校放假，校园内一片寂静。代表们住在女校楼上三间职工宿舍，毛泽东、何叔衡住靠西后一间厢房的前半间。此时的毛泽东已是一个坚定的马克思主义者，他告诉斯诺，"我热心地搜寻那时候找到的、为数不多的、用中文写的共产主义书籍。有三本书特别深地铭刻在我的心中，建立起我对马克思主义的信仰"。他说的三本书是：马克思和恩格斯的《共产党宣言》、考茨基的《阶级斗争》和柯卡普《社会主义史》。

7月22日，代表们在博文女校的屋内开了碰头会，相似现在的预备会。大家推选张国焘为大会主席，毛泽东与周佛海任记录。那天，王会悟在阳台望风。

在九天的会议期间，毛泽东除了去兴业路开会及去嘉兴南湖，绝大多数时间是在博文女校度过的。

毛泽东第一次来上海是在 1920 年夏天，住在了哈同路（今安义路）民厚南里 29 号。

安义路位于上海展览中心与静安公园之间，37 路公交车终点站曾设在这里。1920 年 6 月 7 日，毛泽东给他湖南第一师范时的老师黎锦熙的信中提及"寓哈同路民厚南里二十九号"。这民厚南里分别通向哈同路和安南路，因安南路路小无名，此地居民都说住哈同路。

建于 1914 年的民厚南里是房地产大亨哈同的产业。这幢两层砖木结构的楼房是时为"湖南驱张请愿团"成员李思安（后为湖南省文史馆员）先期抵达上海后所租，同住的有毛泽东、张文亮、李凤池和李思安。底楼前半部是客堂间，后半部右灶间左天井，后楼是小亭子间。毛泽东和张文亮住前楼正房。此次，毛泽东 4 月从北京来，5 月 5 日抵达上海，7 月离开上海。毛泽东把这三个月称作"在我一生中可能是关键性的这个时期"。

十六年后的夏天。毛泽

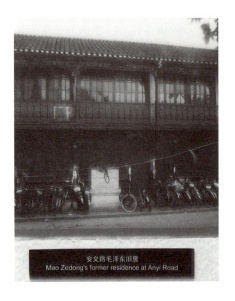

安义路毛泽东旧居
Mao Zedong's former residence at Anyi Road

● 哈同路民厚南里 29 号（今安义路 63 号）毛泽东旧居

4

东背靠公文箱、吸着纸烟对《密勒氏评论报》记者埃德加·斯诺（Edgar Snow）说："到了1920年夏天，在理论上，而且在某种程度的行动上，我已成为一个马克思主义者了，而且此次我也认为自己是一个马克思主义者了。"他还告诉斯诺，"我在李大钊手下、在国立北京大学当图书馆助理员的时候，就迅速地朝马克思主义的方向发展。陈独秀对于我在这方面的兴趣也是很有帮助的。"

毛泽东住在哈同路的这段时间里，他多次前往法租界环龙路2号老渔阳里（今南昌路100弄2号）陈独秀的寓所，登门拜访陈独秀。他说："我和陈独秀讨论过我读过的马克思主义书籍。陈独秀谈他自己的信仰的那些话，在我一生中可能是关键性的这个时期，对我产生了深刻的影响。"

1919年12月，"驱张运动"爆发。毛泽东此行就是为"驱张运动"而来。毛泽东回忆，"在上海，我与陈独秀讨论了我们组织'改造湖南的计划'"，并于住所成立湖南改造促成会。

1920年6月11日"驱张"成功。而后，赶走张敬尧的谭延闿又被赵恒惕赶出湖南。毛泽东认识到，"我越来越相信，只有经过群众行动取得群众政治权力，才能保证有力的改革的实现。"

回到长沙的毛泽东仍与陈独秀保持联系，并与何叔衡等成立俄罗斯研究会，筹建湖南的共产党早期组织。

住哈同路时，"驱张请愿团"代表每人每月三元零用钱。毛泽东外出活动多，如：5月8日与彭璜、李思安等十二位新民学会会员聚会半淞园，既欢送陈赞周等即将赴法勤工俭学的会员，又开会讨论新民学会任务等；11日到洋泾浜法国码头送萧子璋等六位新民学会会员赴法。

他还到过霞飞路277E（今淮海中路523号）《天问》周刊社。刊物为湖南"驱张"代表团代表彭璜等人所办，毛泽东在那里与旅沪湘人共商改造湖南的计划，并为该刊撰写文章。在1920年7月4日第23期《天问》他发表《湖南人民的自决》，其中写道："社会的腐朽，民族的颓败，非有绝大的努力，给他个连根拔起，不足以言摧陷廓清，这样的责任，乃全国人民的责任。"

那时，英商上海电车公司（简称"英电"）有轨电车车票是二等每段票价2分（分即为1银元的1%）；法商电车电灯公司不满1.5公里，二等为3分，过5公里二等9分。华汽公司二等为2分、4分、6分。就是每天来回花4分，也是日均零用钱超支。毛泽东靠洗衣店打工来补贴。他在给友人的信中，如此诉说自己工读生活困境："洗衣服所得的钱，又转耗在车费上了。"

● 甲秀里318号（今茂名北路120弄7号）毛泽东故居

毛泽东在 1921 年参加中共一大后，三年后又来沪，且一住就是十个月，为毛泽东在上海居住时间最长的一次。

1924 年 3 月 1 日，在环龙路 44 号（今南昌路 180 号）这幢小洋房内，国民党中央执行委员会上海执行部正式对外办公。1923 年，中共三大决定实行国共合作，共产党员以个人身份加入国民党。翌年 1 月，国民党第一次全国代表大会确立"联俄、联共、扶助农工"三大政策，第一次国共合作开始。共产党员毛泽东当选候补中央执行委员，任上海执行部组织部秘书，协助部长办理本部事务；部长是国民党中央常委胡汉民。此外，在文书科主任邵元冲未到任前代理该职。毛泽东说，"我和他们共事，协调共产党和国民党的行动。"

据后来接任组织部秘书的张廷灏和国民党江苏省党部秘书长姜长林说：很少有人去毛泽东家，也不了解其寓所地址，只听说他住慕尔鸣路一带。

在南昌路工作时期，毛泽东留下一张影像：1924 年 5 月 5 日，在莫利哀路（今香山路）孙中山寓所。参加纪念孙中山就任非常大总统三周年集会后，他与国民党上海执行部成员合影。

毛泽东住慕尔鸣路甲秀里 318 号（今茂名北路 120 弄 7 号）。这幢二上二下石库门，建成于 1915 年。西弄堂口在慕尔鸣路，北口在威海卫路（今威海路）。

就在毛泽东到沪三个月后，妻子杨开慧、岳母向振熙带着才两岁的毛岸英和还在襁褓中的毛岸青来到上海。楼下前厢房住毛泽东夫妇，后厢房住俩孩子。

那时，毛泽东月薪一百二十银元，与四年前住哈同路时相比已是天壤之别了。据《中国劳动问题》（上海光华书局 1927 年版）：

上海五口之家每月两百元以上是中上生活水平，每月一百至两百元为中等，六十六元为一般水平。但从 8 月起，毛泽东遭遇欠薪。

从我的住所到我上班的南昌路，走过去也不远。我小时候在威海路 730 号静安区机关幼儿园上学，家住茂名南路 163 弄；回家就靠两条腿。我住的 3 号，原属国民政府司法行政部部长谢冠生。1936 年 6 月 28 日，他下令通缉毛泽东。而在十二年前（1924 年），毛泽东与他同住一条路。

住甲秀里的这段时间是三十一岁的毛泽东与二十三岁的杨开慧及孩子们难得相聚的日子，也是毛泽东工作非常繁忙的日子，"在共产党执行局工作的同时，兼任国民党上海执行部的委员"。正如他所说，"我一旦接受了马克思主义是对历史的正确解释以后，我对马克思主义的信仰就没有动摇过。"（斯诺《西行漫记》）

超负荷的工作累倒了他。毛泽东说："那年冬天，我回到湖南去休养，我在上海生了病。"

● 刘少奇旧居（北京东路 528 号）

【红·点】刘少奇旧居　北京东路 528 号
【红·片】中国社会主义青年团中央机关旧址　淮海中路 567 弄 6 号
金城大戏院旧址（《义勇军进行曲》首次播放处）　北京东路 780 号黄浦剧场
中国饭店——周恩来同志发布"七月指示"所在地　贵州路 160 号上海铁道宾馆

恒丰纱厂的"阿刘"

"你是湖南人？"

"是的。我是恒丰纱厂的工人。"

答话的工人打扮，三十出头的瘦高个。上海棉纺业苏北人居多，说一口湖南话在恒丰厂却很正常。恒丰纱厂的老板是湖南人聂云台，他也是上海总商会会长和全国纱厂联合会副会长。其父聂缉做过上海道台等大官，母亲是曾国藩女儿曾纪芬。

这位自称恒丰纱厂的"工人"很快就与大家打成一片，被叫作"阿刘"，他就是刘少奇。1930年4月，中共中央派他从哈尔滨来上海，到他工作过的沪东区从事工运。他扮工人有经验，早在莫斯科东方大学新年联欢晚会上，在自编的反映中国军阀、资本家镇压罢工的戏里，他就演工人。

五年前的1925年，二十七岁的刘少奇与上海工运结缘。当时上海有工人八十万，占全国近三分之一。5月中旬，受中华全国总工会委托，刚当选副委员长的刘少奇到沪筹建办事处。到后又被派往青岛领导日商纱厂工人罢工，可到青岛又被电令立即返沪。

此时的上海风雷激荡。5月15日，上海内外棉七厂日本资本家开枪打死工人顾正红，打伤工人十多人。28日，中共中央做出《扩大反帝运动和组织五卅大示威的决议》。30日，举行反帝示威游行者遭老闸巡捕房英国巡捕开枪镇压，打死学生和工人等十三人，伤者无数，造成震惊中外的"五卅惨案"。

那天晚上，中共中央召开紧急会议，决定结成各阶级反帝联合战线，实行罢工、罢市、罢课。31日，上海总工会成立，李立三任委员长，刘华任副委员长，刘少奇任相当于秘书长的总务科主任。6月1日，上总宣布全市总同盟罢工，开始"三罢"。上总又与上海各路商界总联合会、全国学生联合总会、上海学生联合会成立上海工商学联合会，提出惩凶、赔偿、取消领事裁判权等十七项交涉条件。上海二十多万工人先后罢工，全国有一千七百多万人直接参加，形成全国规模的反帝爱国运动，对大革命高潮形成起到重要推动作用。

中华全国总工会上海办事处于7月6日办公。8月22日，流氓打砸上海市总工会，打伤工作人员；李立三、刘少奇等仍坚持到会。24日，刘少奇上午同李立三等前往淞沪戒严司令部交涉，下午陪上海地方检察厅检察官勘查总工会被毁情况。中华全总上海办事处向全国发通电声讨破坏者，同时组织工人纠察队日夜保卫上海市总工会。

刘少奇忙于组织领导罢工斗争的同时，还主持华商、英商、日商纱厂工人代表会议及上海总工会所属各工会代表大会，并出席上海铁厂总工会成立大会。他对工作严肃认真，事无巨细，均审慎细致，实事求是：比如接待工人、到工地调查，携款给英商电车罢工工人发放补助费，接待洋务工会因久未领到救济费生计困难的工人。正如《上海总工会三日刊》上《刘少奇的奋斗》所写："本会总务科正主任刘少奇在本会未被封以前，早就患重病在身，但因工人利益要紧，宁肯牺牲个人，抱病工作。自本会封后，因工作过劳，病势严重。而刘少奇不仅不因病辞工，更日夜不休息片刻，检阅各种稿件，亲往工人群众中接洽各种事件。"11月，患肺病的刘少奇与妻子何宝珍（葆真）回湖南养病。

刘少奇再到上海是1929年4月，来自天津的他在两年前当选中央委员，来沪任沪东区委书记。沪东地区是上海最早建立的工业基地。

早在 1883 年（清光绪九年），英商就建了杨树浦水厂，还有官督商办的上海织布局、上海机器造纸局等全国最早的机器轻纺工业。

刘少奇在沪虽只两月，却留下了"蒸饭斗争"胜利的佳话。英商怡和纱厂（后为上海第五毛纺织厂，已关）由怡和洋行 1896 年（清光绪二十二年）创建。那年 5 月，厂方以节能为名取消工人蒸午饭，三千多名工人只能吃带来的冷饭冷菜，不少人因此生病。工人以消极怠工的方式来反抗。

在听取沪东区团委书记潘逸耕汇报后，刘少奇即刻召开党区委会。他拿着长长的烟嘴，边吸边说：要取得胜利必须提出正确口号。经讨论后，他提出以"要求恢复蒸饭"为口号来鼓动群众斗争，以"停机一小时回家吃饭"为宣传口号向资本家施压，并派潘逸耕作为上海总工会代表与厂方代表谈判。在权衡"恢复蒸饭"和"回家吃饭"的条件后，厂方恢复中午蒸饭，且不会开除怠工者。

6 月 4 日，中央任命刘少奇为中共满洲省委书记。他在上海参加了中共中央满洲工作会议后，于 7 月 14 日同何宝珍离沪到沈阳。

我们回到本文开头所说的 1930 年。刘少奇到沪后，夫妇住在高郎桥（今长阳路桥）一家豆腐店楼上一小亭子间内。房子小而简陋，放一张床后转身都难。刘少奇患肺病，时常吐血。中央发他的津贴每月二十元，何宝珍八元。他"先后在恒丰纱厂、公大纱厂建立党支部，并逐步扩展到杨树浦自来水厂等工厂进行活动，发展党的基层组织"（《刘少奇年谱》）。

张琼（后为上海市政协委员）当时与丈夫贺树住在刘少奇家。她说："白天在沪东的纱厂做工，晚上帮助少奇誊写文章。我一天赚两角钱，不够糊口，就靠少奇夫妇二十八元津贴过日子。少奇为

● 新渔阳里6号
（今淮海中路567弄6号）
外国语学社

了维持我们的生活，将他唯一的一件皮袍偷偷地叫宝珍去当了。"

1930年夏，刘少奇出席在莫斯科召开的赤色职工国际第五次代表大会，当选为执行局委员，并留在赤色职工国际工作。1931年1月，他在中共六届四中全会上当选为政治局候补委员。同年秋，刘少奇回国，任中共中央职工部部长、全国总工会党团书记。张琼说，王明叫刘少奇夫妇"搬到北京路一家五金店楼上，住三个房间，有一个保姆，津贴也增加了"。

刘少奇第一次较系统地接触马克思主义是在霞飞路新渔阳里6号（今淮海中路567弄6号），上海早期党团组织在这里创办了外国语学社。外国语学社的这段经历成为了他人生的转折点。

1920年10月，他的社会主义青年团入团介绍人、湖南著名进步人士贺民范介绍他到外国语学社留俄预备班学习。他先住在这幢石库门房屋，后因学生多住不下，刘少奇与任弼时、萧劲光等搬到菜市路（今顺昌路）一亭子间。

除了学习马克思主义理论和俄文，刘少奇还参加社会活动，接受锻炼：到基层工会办夜校，进工厂宣传革命道理，上街参加游行示威。刘少奇与同学们只相处短短半年，却给人印象深刻。萧劲光回忆道："他为人正直、富有革命理想，办起事来很认真，学习也很刻苦。"

1921 年 4 月，刘少奇、罗亦农、任弼时、萧劲光等人赴俄留学，于 7 月 9 日到莫斯科，进入东方劳动者共产主义大学。

1931 年，在沪召开的中共六届四中全会上，未参会的刘少奇当选政治局候补委员。1932 年"一·二八"事变后，市总工会通告全市工人实行总罢工，沪西十七家日本纱厂工人四万多人组织罢工和义勇军支援十九路军。刘少奇参加了领导工作。据张琼回忆："他认为像这样数万人的大规模罢工、停业斗争，在大革命失败后是多年未有的。应该抓住这个难得的机会，对工人进行一次政治训练，让工人经受一次锻炼，这也是对日本帝国主义的一次沉重打击。"

中共临时中央局认为刘少奇领导职工运动存在"右倾机会主义"错误，撤销了他中央职工部部长一职。刘少奇在会上作检查，他的《我的错误》发表在中共中央机关刊物《斗争》上。张琼记得，"这份检查是我帮他抄的。我当时很不服气，觉得受了国民党的气不算，还要受王明他们的气。"

寒冷的冬天来了。张琼说，"少奇、宝珍请我和贺树到他们家吃饭，少奇告诉我们，中央决定他先去苏区，宝珍留在江苏省委当交通。不久，少奇离开了上海。"

刘少奇对工运是有感情的。1922 年，已转为党员的他在《团员调查表》中就"现在愿做何事"这一问题中写道:"工人运动、青年运动。"1933年,中华全国总工会由沪迁往中央苏区,与全总苏区执行局合并为中华全国总工会苏区中央执行局,领导苏区及全国工运。被剥夺白区工运领导权的刘少奇出任委员长。第二年因长征改行,"刘少奇参加中央红军第八军团领导工作,任中共中央代表"(《刘少奇年谱》)。

1936年,刘少奇撰写《关于白区职工运动的提纲》,总结1927年来白区职工运动的历史经验,阐述了应采取的正确方针和策略原则。该文被编入了《刘少奇选集》。

● 五卅运动爱国群众流血牺牲地点（南京东路 772 号附近）

【红·点】五卅运动爱国群众流血牺牲地点 南京东路 772 号附近
【红·片】向西约 360 米 五卅运动纪念碑 南京西路、西藏中路西南侧绿地
上海市历史博物馆（上海革命历史博物馆）南京西路 325 号
第一次国共合作时期国民党上海执行部旧址 南昌路 180 号

李立三，出上海

"你叫三立吧。"望着火车车厢门口站着说话的三个人，中央职工运动委员会书记邓中夏说道。他这是让去兼任吴淞工友俱乐部主任的李隆郅改名呢。对一个从事工人运动的职业革命者来说，邓中夏认为"李隆郅"这个名字对于普通工人而言是难认又难写。

李隆郅是湖南人，"隆郅"是他上私塾那年父亲李昌珪所起。他1899年11月18日生于湖南醴陵阳三石福建围时，名凤生；因正逢家中一株俗称"铁树"的凤尾蕉开花，秀才父亲视为吉兆。他之前去安源开辟工运时，中共湘区委员会书记毛泽东也建议他改名，那时按隆郅的谐音改为"能至"。

李隆郅回答邓中夏："这个不好听，倒过来，就叫李立三吧。"

就这样，在1924年11月这一天，开往吴淞的小火车上，诞生了中国工运史和革命史一个响亮的名字。

此前不久的4月，中共中央任命李立三为上海区委职工运动委员会书记。"从中共一大至三大的创立时期，工人运动几乎是党的全部工作"（《上海工运志》）。据当年5月的统计，本地中共党员含在沪中央机关只有四十七人，上海在给中央三届三次执委会报告中请求，"希望中央能在别处多调几个有经验的同志来"。

这不是李立三第一次来上海。1919年10月16日，他在此登上了美轮"沃隆号"赴法勤工俭学。1921年12月10日，他与蔡和森、陈公培来沪见中共中央局书记陈独秀，与蔡和森在此入党。

这次到上海，李立三还担任了国民党上海执行部工人运动委员会委员。虽然该委员会主任是于右任，但负责全面工作的则是李立三。

此时，毛泽东在执行部组织部当秘书并代文书科主任。

他们两人相识在1917年一个星期天的上午，地点为长沙的省立图书馆。拿报纸的毛泽东坐长凳，他登报以"二十八画生"征友，共得三个半回答。毛泽东对斯诺说："'半'个回答来自一个没有明白表示意见的青年，名叫李立三。"（埃德加·斯诺《西行漫记》）

没想到七年后，两人同住于慕尔鸣路（今茂名北路）上。毛泽东夫妇和孩子住在甲秀里318号。在兴彬里306号，住着李立三夫妇、瞿秋白夫妇，还有张太雷等人。李立三住在楼下客堂间，这也是大家开会吃饭的地方。李一纯（此时李立三的夫人）、郑超麟（后为市政协委员）都记得：常有工人来找李立三，有时饭没吃完他就跟人走了。

李立三面临新挑战：安源工运的成功经验，能否适用于上海这个更大的舞台？安源只有一万三千多名矿工，再加株萍铁路一千多工人，也只有一万五千多名工人。而"中国最大的工业城市上海，那时有工人八十万人，占全国工人总数的近三分之一"（《中国共产党七十年》）。此外，工业规模、产业门类及城市地位和国内外影响力，都是安源无法类比的。

邓中夏与李立三以环球学生会和上海大学名义成立上宝平民促进会，在沪西、南市、闸北等七区办校。全面负责的李立三，则每周轮流到各校上课，在学文化同时进行革命教育，提高觉悟。在此基础上，他发展党团员、创建党支部，建立工人俱乐部。

春去秋来。9月1日，在小沙渡路（今西康路）、槟榔路（今安远路）拐角的德昌里（今安远路278—280号），中国共产党在上海直接领导的第一个工人俱乐部——沪西工友俱乐部问世。这里是上海的棉纺业为主的工业区，有工人两万多名。到年底，十九个纱厂建立了俱乐部小组，会员近两千人。"上海工人运动的发展和工人政治觉悟的提高，为五卅运动的兴起做了重要的准备"（《中国共产党历史（第一卷）》）。

李立三认为，做工运无视帮会不行，他采取"联合徒弟和小头目，反对老头子"的策略。在安源他喝鸡血酒，争取红帮头子对罢工的合作。在上海，他经中央同意做了青帮小头目常玉清的徒弟，与下层建立较好关系。而对包某这样敌视工运的大头目，他则进行坚决和有节的斗争。

1925年2月10日，在中共四大当选中央委员的李立三，站在潭子湾荒场高土台上演讲。这是他第一次在上海的大型集会上演讲。八天前，发生日商内外棉八厂日本监工殴打夜班中国女工、开除五十多名男工事件，旋而引发数厂罢工。根据党的指示，李立三、邓中夏成立罢工委员会。

会场上，飘扬着"反对东洋人打人"大字的旗帜，这是李立三提出的口号。安源罢工时，他提出被世人熟知的口号："从前是牛马，现在要做人。"斗争需要好口号，它通俗易懂，言简意赅、指向明确，富有鼓动性和凝聚力。

台下的同兴纱厂工人刘贯之说，自己当时被李立三的热情及为工人利益奋斗的热忱感动。会上，沪西工友俱乐部纠察队宣告成立，李立三授旗。至18日，共有二十二家日商纱厂近四万工人参与罢工。在19日集合上，工人听李立三演讲后，纷纷摘下纱厂发的日式帽子，撕碎扔地。26日，日本资本家被迫答应部分要求，承认工会。"二月罢工"胜利。

一月后，日本资本家见市场商品滞销就降低工人工资，背信弃约，反攻倒算。5月7日，上海日本纺织同业会拒绝承认工会。5月15日，日商内外棉七厂宣布停工。该厂工人顾正红率工人要求复工和发工资。日本大班率打手开枪打伤十多人，顾正红身亡。

　　当天，李立三写成《为日本惨杀同胞顾正红呈交使文》，印传单发至全上海。同时，上海总工会加速成立。早在5月2日，李立三就组织召开了筹备会，有中华海员工业联合总会上海支部等二十四个团体代表参加。18日，筹备成立会在会文路荣业里召开，会议通过工会章程，并选举李立三为筹备董事会会长。

　　28日晚，中共中央召开紧急会议。李立三提出，"在这种形势下要得到胜利，必须扩大社会的运动势力，各团体各学生起来援助。"中央作《扩大反帝运动和组织五卅大示威的决议》，决定30日在租界举行大规模反帝示威活动。在二马路（今九江路）一旅馆设秘密指挥部，李立三任总指挥。30日，英国巡捕开枪打死十三人、伤数十人。这就是震惊中外的"五卅惨案"。当夜，中共中央举行紧急会议，决定组织全上海民众罢工、罢市、罢课。

　　31日是李立三繁忙的一天。对于罢市，由中、小商人组成的上海各马路商界总联合会积极响应，而代表大资本家的上海总商会则消极怠慢。下午，得知两商会在天后宫讨论是否罢市，数千工人、学生赶到。现场指挥的李立三没出面，学联代表、共产党员林均的发言打动全场。副会长方椒伯溜回家。李立三组织人到方家把他请回，最终签字罢市。晚上，他到宝山路参加工会联席会。会议一致通过上海总工会公开成立，选李立三为委员长。他提笔签署了上海工人总罢工的决议。

李立三成了敌人的眼中钉，一个暗杀阴谋正在酝酿。8月22日下午，一个被总工会开除的工贼看到李立三在总工会，就以谈话纠缠。李立三察觉有异样，遂与刘少奇离开。到门口，他想起还有大批救济款未取，就叫刘少奇去调工人纠察队并报中央，自己则返回与会计把钱锁入保险箱。这时，一帮流氓打手已进前门，李立三走后门却打不开锁。幸亏没走成，因为门外已有埋伏。他与两名保护他的工人忙上楼，爬到屋顶，连过几栋屋子，藏身于一工人家阁楼内。

　　1925年9月18日晚，淞沪戒严司令部派军警强封上海总工会，被通缉的李立三隐避在成都路晚清官僚戴立夫家中。上海总工会转入地下。9月25日，中共上海区委决定由汪寿华、项英、林育英、谢文锦四人组成上海总工会党团，在狄思威路麦加里（今溧阳路965弄21号）设秘密办公机关。21日，李立三化装乘船去武汉。10月，他赴莫斯科参加共产国际第六次执委扩大会议和赤色职工国际会议。12月6日，上海总工会在启封的中华新路总工会会所召开代表大会，选举李立三、刘华、汪寿华、王亚璋、徐梅坤等十六名新执行委员，汪寿华为代理委员长。

　　1926年7月至9月，当选全总执委和组织部长的李立三，回沪继续领导工运。他再到上海是1928年9月，从莫斯科回来的他，在中共六大当选政治局常委，后又任中宣部部长兼秘书长。两年后，李立三主持中央政治局工作，开始了另一段故事。

● 上海工人第三次武装起义发布命令地点

【红·点】上海工人第三次武装起义发布命令地点 自忠路 361 号
【红·片】警钟楼和上海救火联合会旧址（上海工人三次武装起义纪念地）中华路 581 号
第一次国共合作时期国民党上海执行部旧址 南昌路 180 号
上海市历史博物馆（上海革命历史博物馆）南京西路 325 号
中国饭店——周恩来同志发布《七月指示》所在地 贵州路 160 号 上海铁道宾馆

周恩来在 1927 年 4 月的上海

　　西门路西城里 173 号（今自忠路 363 号）是一幢两层楼的石库门房子。1927 年 3 月 5 日，这里成为上海工人第三次武装起义的指挥机关。

　　1927 年 2 月底，中共中央吸取了第一、第二两次上海工人武装起义失败的教训，成立了由陈独秀、罗亦农、赵世炎、汪寿华、尹宽、彭述之、周恩来、萧子璋等八人组成的特别委员会以加强统一领导，准备发动第三次武装起义。

为了使起义命令能迅速下达，特委会决定在近市中心交通方便又隐蔽的地方建立指挥部。西门路地处法租界又离华界不远，原是中共的一个秘密活动据点，先前有关起义的许多会议和准备工作都是在此进行的。

3月21日，上海工人第三次武装起义的命令从这里发布。经三十个小时战斗，起义取得阶段性胜利。

1973年9月17日，一个星期一的上午，等候法国总统乔治·让·蓬皮杜的周恩来总理，信步走到上海大厦18楼休息室外的阳台，指着浦江饭店说道："过去这里叫礼查饭店，是公共租界一座比较豪华的饭店。我在这里住过，那还是在1927年'四一二'政变以后……"

这是他1920年10月第一次来上海后，最后一次踏上上海的土地。

曾参加接待工作的一位长辈告诉我：翌日，也就是1973年9月18日，周恩来的夫人邓颖超向陪同人员证实了此事："对！对！那可是一个高级的饭店哪，当时住的都是外国人和'高等华人'。我们住进去以后也要充阔佬：恩来穿的是西装革履。我呢，身上穿的是旗袍，脚上穿的是高跟鞋，冒充阔太太。"

事实上，周恩来并不是在"四一二"反革命政变后马上就住进了礼查饭店（Astor House Hotel）的。时任上海总工会副委员长的徐梅坤，为上海工人第三次武装起义指挥部成员。他记得，在事变第二天的4月13日，周恩来被国民党军队包围在商务印书馆里："有一名下级军官，是白崇禧的弟弟，原是黄埔军校学生，认识周恩来同志。于是，在他的掩护下，周恩来同志和我等三四人离开了商务印书馆。"（徐梅坤的回忆有误，这名军官是斯励，斯烈的弟弟，黄埔军校第三期毕业，与周恩来有师生之谊）。

●浦江饭店旧影

　　据徐梅坤（后为国务院参事）回忆：暂脱险境的周恩来，住到了江湾徐家宅孙津川家的阁楼上。这里是中共一个可靠的秘密据点，可谓是红色堡垒户。在之前的1926年底，担任上海工人第三次武装起义总指挥的周恩来到了上海，经中共党员、黄埔一期生彭干臣的介绍，就住到孙津川家。彭干臣是叶挺独立团的一员虎将，作为军事骨干被周恩来调至上海参加上海工人第三次武装起义。

　　彭干臣带这个吴淞机厂工人孙津川走上了革命道路，介绍他入党，使他成长为厂中共特支书记及沪宁、沪杭两铁路总工会委员长。在第三次武装起义时，孙津川任上海工人纠察队第二队队长；第一、三队队长，分别是赵世炎和顾顺章。

　　吴淞机厂建于1905年（清光绪三十一年），自制铁路器材及装修机车和客车，它也是沪宁、沪杭线火车头的修理总厂，地位十分重要。周恩来向孙津川了解工厂和沪宁、沪杭铁路的情况，指导起义准备工作，他提出，要"注重铁路工人罢工问题"。起义最高决策机构特别委员会决定吴淞机厂率先罢工，周恩来再次到工厂进行部署。1927年3月5日，吴淞机厂工人大罢工揭开了上海工人第三次武装起义序幕。至起义正式打响前十二小时，吴淞机厂工人就切断了沪宁、沪杭两线，为起义创造了良好条件。

孙家位于市郊，处在以吴淞机厂工人为多的工人居住区，隐蔽而又安全。加之周恩来先前住过，已与孙家老少建立了深厚的感情。就在这里，从武汉赶来的聂荣臻、陈延年向周恩来传达了中央"隐蔽力量，准备再干"的指示。周恩来也对江浙的地下武装斗争作了指示，并让孙津川外出联系地下交通线。

在白色恐怖下，一地不宜久留。徐梅坤说，周恩来"他换上一套工人服装，由孙津川的母亲作掩护，扮成一家人，恩来同志搀扶着她离开了江湾"。

没想到，时任中共南京市委书记的孙津川在1928年牺牲了。上海总工会开会悼念，并在《上海工人》发文：《悼我们的死者，孙津川同志》。南京解放后，周恩来收到当年掩护他的孙津川母亲孙华氏的信，感叹道："华东有位孙妈妈，他们全家都革命。"他指示有关方面慰问和照顾好这革命英雄一家。在孙华氏八十岁那年，周恩来到宁后还前去探望。

离开孙家，周恩来转移至黄浦路上的礼查饭店。其安全是双重的：饭店不仅位于公共租界，而且对面就是苏联驻沪领事馆。对于当时的情况，同住的邓颖超说："我们不能出门，靠地下党组织派人来联系。真把我们给憋死了！"

隐蔽于饭店的日子里，周恩来在总结和反思：为什么上海工人第三次武装起义由胜转败？什么是我们该吸取的经验教训？在1973年9月17日那天，他在上海大厦眺望浦江饭店时，语气深沉："这是严重的教训：应当相信我们自己的力量，而不应当把希望寄托在国民党右派的身上啊！"

　　当时，周恩来希望得到驻在附近的国民革命军第二十六军第2师师长斯烈的支持。因为他的弟弟斯励是中共党员，并与他有黄埔师生关系。

　　周恩来与顾顺章等人前往宝山路2师师部见斯氏兄弟，这一幕出现在电影《建军大业》的开头。当时，斯烈貌似热情，实际上是应付和有意拖延。等周恩来等人回来，工人纠察队已被缴械，不少同志被捕……在危乱局面中，周恩来等人耐心细致地处理工人纠察队善后问题，最终保留了部分革命力量。

　　就在周恩来隐身于饭店期间，中共五大于1927年4月27日至5月10日在武汉召开。不能前去而缺席的他，当选为中央委员、政治局委员和军事部长，由此进入了中共中央的领导层。他在上海领导工人武装起义显示出的军事才能，以及在广东领导军事斗争的出色表现，使他在"五大"后就成为中国共产党的军事负责人。他得出了"应当相信我们自己的力量"这个教训，这是用多少人鲜血和生命换来的真理。时任中共南昌起义前敌委员会书记的周恩来，坚定地打响了武装的革命反对武装的反革命的第一枪，由此诞生了中国共产党领导的人民军队。

　　周恩来终于跨出了礼查饭店的大门。阵阵江风吹来，催他踏上新的征程。送他的徐梅坤回忆道："我和孙津川及其母亲，一起到码头送周恩来同志，他按地下交通线的通知，上了长江'怡和号'轮船，离开了上海。陪同护卫周恩来同志的是李剑如，他也是'打狗队'的成员。" 徐梅坤之所以认得李剑如，因为前者是中共秘密锄奸组织"打狗队"、也被称为"红队"的第一任队长。

据《上海通志》记载："1927年5月下旬，周恩来离沪赴武汉。"如此看来，他住在礼查饭店只有一个月左右。礼查饭店是当时上海最繁华的饭店，饭店的房租不菲。在周恩来入住的十年前，《密勒氏评论报》主编约翰·本杰明·鲍威尔只是租一单间，"月租一百二十五块银元，包括一日三餐和下午茶在内"。

十年后的房租，无论单间还是套间，价格无疑要超过鲍威尔当时的租金的。有人说是日租金十二块银元，也有人称是十八块。此外，莫衷一是的还有钱款来源。一说共产国际支付，另一说则认为，受制于当年的实际情形，负责人会携带数额不低的经费。

从当时发生的另一件事中，我们似乎可以找到答案。人民网所发的《1927年蒋介石开了杀戒：共产党人何去何从？》一文援引了1927年7月2日中共中央委员、上海工人第三次武装起义负责人赵世炎（施英）被捕的报道："北四川路志安坊190号之机关，由史（施）主持。故挟巨款以便发给其手下党徒之需……搜出钞票38832元。"

这就是周恩来与浦江饭店的故事。《西行漫记》的作者斯诺曾称赞礼查饭店为"最有历史意义的旅馆"，诚然。

●中共代表团驻沪办事处（周公馆）

【红·点】中国共产党代表团驻沪办事处（周公馆）旧址 思南路 73 号
【红·片】上海孙中山故居纪念馆 香山路 7 号
何香凝旧居 复兴中路 553 弄 8 号
柳亚子旧居 复兴中路 517 号
韬奋故居 重庆南路 205 弄 54 号

暗战周公馆

　　躲在暗处的眼睛，盯住了周公馆。那时住里头的于产（于土）、许真夫妇说"三面都是眼睛"。没眼睛盯的是南面，因为那里对着马斯南路 121 号（今思南路 87 号）的梅兰芳公馆。

　　在国民政府上海市警察局对周公馆的《监视日报》上：1946 年 7 月 18 日中午十二时，中共代表团首席代表周恩来乘 14018 号车回公馆，其他人坐 10215 回。中午十二点四十分，周恩来原车外出，下午一点半返回。同年，周恩来还坐过 51003（2 月 18 日）、美军车 10034（7 月 24 日）、17360（9 月 2 日）、00313（9 月 25 日）、吉普车 18457（10 月 21 日）。

周恩来11月19日回延安，中共代表团上海办事处遂改为联络处，由董必武负责。他1947年1月17日乘00070车，30日坐51679车（周公馆的车库里，现在还停着一辆黑色的"别克"轿车，和当年周恩来乘过的那辆车型号相同）……

1946年5月16日，乔木（乔冠华）、龚澎夫妇，祝华（代表团副总务主任）等人，户口报入马斯南路（当年改思南路）107号（11月8日改73号）。户长是"苍白的小脸庞，瘦小的个头儿"的办事处发言人陈家康，登记写周恩来秘书，后任外交部副部长。

一个月前，龚澎托妹妹徐琬球找房，乔、龚之女乔松都说：姨夫为"淞沪警备司令部英文秘书"，阿姨出面方便。通过杨姓捐客，以每根十两、共六根"大黄鱼"租这栋三层的西班牙式花园洋房为新华日报宿舍。

早在2月，周恩来就致函国民政府行政院长宋子文，"请拨敌伪房屋为中共代表团驻沪办事处之用"。宋子文6月13日以极机密电致上海市市长吴国桢"希予婉却"。办事处需房被拖，而原定在沪出《新华日报》不成，于是，此房改为中共代表团驻沪办事处所用，但不准挂牌。董必武18日来沪得知情况后，把此处称作"周公馆"，遂于22日正式挂牌："周公馆 GEN. CHOU EN-LAI'S RESIDENCE"。《监视日报》记载为"周恩来将军公馆"，因周恩来当时领中将军衔。

之后，办事处增人，又向加拿大老头租下117号作宿舍，华实甫（华岗）夫妇、许涤新夫妇、钱之光（后任轻工业部部长）等住在里面。

自共产党人搬入，负责监视的是淞沪警备司令部稽查处和上海市警察局政治科。明"以保甲事务为借口，时与该处接触，借以探

● 马斯南路 107 号
（今思南路 73 号）周公馆

讯内详"，暗则"长期密派警员驻守，监视其活动，并跟踪内中主
要人员，以查其活动范围"，并窃听电话。同时，卢家湾警察分局
奉命在周公馆的南面增设思南路派出所，所长为倪仲侯。后又在周
公馆大门对面 98 号（今 70 号）上海妇孺医院的监视点上，增设卢
家湾分局政治组。分局的地下党员宋玉龙和李春荣发现，监视点在
一小窗口后。于产、许真记得，"马路对面设了个从不见有人光顾
的皮鞋修理摊。一些拉三轮的，装作候客总停在门口。卖香烟的小贩，
剃头挑子，也在我们门前晃来晃去。"

　　暗战就此展开。周公馆北边有条弄堂，我读小学时，穿弄堂可
到重庆南路。当年，陈家康、徐克立夫妇住周公馆朝北房间，在窗
台放一盆花。办事处同志进周公馆前，要先看花盆在，才能揿门铃
进来。若不见，要像过路人，不看房子而过。

对来公馆的地下党同志，周恩来、董必武总要细细指导反盯梢：要他们从后门出，见三轮车坐上就走，到某地换某车到先施、永安、大新等公司转；多次确认没盯梢，再出公司大门，雇车到目的地。北京大学教授许志平（许师谦）与于产、许真一说这当年事，为领导人"对敌区干部这样的耐心、爱护感叹不已"。

《监视日报》几乎包罗万象。有1946年8月29日邓颖超报户口于周公馆，周恩来报户口在9月20日。还有关于周恩来的打扮的记录：7月24日下午五点十分外出，穿灰色西装，头戴硬壳帽。此外，9月20日下午五点半，邓颖超步行去南昌路218号来自高雄的私立光华眼科医院，傍晚六点四十分，右眼包纱布回；来去有一少年同行。又：1947年2月21日下午三点四十五分，董必武与一青年步行到中正南二路（今瑞金二路）104号中南理发店——我猜是圣保罗公寓（今香山公寓）底层那家，这家理发店从我小时就有，至今仍在。而他们下午四点半就返回，理发竟然这么快？

就在周公馆挂牌四天后，国民党撕毁"停战协定"和"政协协议"，以十个整编师约三十万人进攻我中原解放区五万多人部队。全面内战就此爆发，解放战争开启。

在战争第一年，国民党军占据军事优势，人民解放军处战略防御。在上海，对周公馆的监视明目张胆。10月16日晚上，周恩来乘17360车外出，发现跟踪五分钟后返回，跟踪者驾11165牌照车跟到公馆门口。周恩来要对方出示证件并质问哪里来的，为何跟踪。两人冒称卢家湾分局来进行保护的。周恩来命人抄下车牌，打电话给淞沪警备司令宣铁吾和上海市市长吴国桢表示抗议。

翌日下午一点零八分，周恩来乘17360车刚至复兴中路就被跟踪。

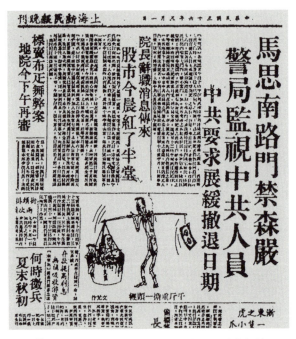

● 上海《新民报·晚刊》刊登的周公馆被监视的新闻报道

仍是昨天那车，牌照换成了 12193 号；车内特务增到四人，其中姓张的是昨天的老面孔。《监视日报》记载，周恩来与三不知名男子及一女子（非邓颖超）同行。他是为将撤港的夏衍、乔木、龚澎夫妇饯行，请吃大闸蟹，陈家康同行。吃蟹当数福州路上创建于 1744年（清乾隆九年）的王宝和。至天蟾舞台，周恩来停车走向跟踪者，要他们同去吴国桢处。特务谎称是百姓，不是市党部人。

1946 年 10 月 18 日《文汇报》上曾有一篇报道记述了上述事情，题为《周恩来汽车生尾巴》：

中共首席代表周恩来之汽车，两日来均有另一辆车尾随。前日晚八时，周氏乘自备车外出用饭，车驶出马斯南路107号，即有某号之小汽车紧紧尾随。周车转弯，彼车亦转弯，周车停，彼车亦停，周车兜一圈子回到马斯南路107号，彼车亦停在附近。周氏下车后径往彼车，对车上着咖啡色西装之男子曰："我就是周恩来，你老盯我是何用意？政府要我谈判，你们却来盯我，究竟是何道理？"该男子未即答复，后始承认是卢家湾警察局职员，并称："我们小职员，为了吃饭，奉了命令，没办法。"周氏让其去后，电告宣铁吾局长，宣氏不在，再电吴市长，吴氏称"不晓得，查查看"。后来卢家湾警察局致电周公馆，否认派人尾随。昨日下午一时许，周氏驾车外出，又另有某号小汽车赶来跟上。周车转弯，彼车亦转弯。其情形与前日相同，周氏又下车，径询车上人，前日之咖啡色西装客，换为灰西装，否认有盯周之意。后经周之副官指明司机与前日同一人。后闻周曾派员往访吴市长交涉此事云。

　　助周公馆暗战一臂之力的，还有1945年建立的中共警（察）委（员会）卢家湾分局支部的十三位地下党员。支部书记徐本初分别向党员传达警委指示：利用警察身份及职务便利，不惜牺牲，做好保卫周公馆工作。

　　在思南路复兴中路口及重庆南路林森中路（今淮海中路）口岗亭值班的地下党员，见周公馆黑色轿车就绿灯放行，发现有特务跟踪的橘黄色汽车就给它吃红灯，气得跟丢的特务大骂，又不敢亮出身份。每天巡逻的人，路过周公馆就格外仔细观察，并利用同事关系，向监视的打听消息；遇到有冒充学生在周公馆外闹事，则迅速予以驱逐；还借清洁卫生之名，令捡垃圾孩子撕掉墙上和涂掉地上的反动标语；有时，偶尔发现周公馆人就主动保卫，见他们进了理发店，就在外警戒……

　　1947年2月28日晚上十点半，淞沪警备司令部一军官携宣铁吾件到周公馆，限中共驻沪人员3月3日晚前提出撤退名单，5日前全部撤离。此时，周公馆被重重包围，电话切断，两台长波收音机被搜去。3月1日，警察没收一切邮件、禁止读报、中外记者不得进入。对此，董必武义正词严地指出是非法行为。到夜晚，子弹上、退膛声不绝，以图恐吓。

　　3月2日晚上十点三十五分，董必武被"护送"到北站，乘火车赴宁。5日早上七点，中共代表团驻沪联络处、《新华日报》和《群众》杂志全部人员撤离思南路，坐火车赴宁。6日，《大公报》发中共代表团联络处撤离启事。7日，董必武等抵达延安。《解放日报》发表了他离宁前的书面谈话，其中指出："然而此种以千百万人民性命为赌注之极大冒险，因其违反全体爱好和平人民之愿望。终必败无疑。"

　　此时，天边已露曙光。1947年3月，国民党全面进攻遭挫；改为对陕北和山东的重点进攻则在6月被粉碎。6月30日，刘邓大军突破黄河，掀开了人民解放战争战略进攻的序幕。

革命浪花

● 中国共产党发起组成立地（《新青年》编辑部）旧址

【红·点】中国共产党发起组成立地（《新青年》编辑部）旧址 南昌路 100 弄 2 号

【红·片】《新青年》社门市部旧址 金陵东路 279 号

中国社会主义青年团中央机关旧址 淮海中路 567 弄 6 号 五四运动时期

进步团体会所旧址（上海学生联合会会所旧址）淮海中路 567 弄 14 号

第一次国共合作时期国民党上海执行部旧址 南昌路 180 号

大同幼稚园旧址 南昌路 48 号

上海，中国第一个共产党早期组织诞生记

环龙路（今南昌路）有个渔阳里，人称"老渔阳里"。霞飞路（今淮海中路）也有个渔阳里（今 567 弄），大家叫它"新渔阳里"。这两个渔阳里之间原来由一条南北贯通的弄堂小道连接着。

1920 年 2 月，陈独秀在老渔阳里（今南昌路 100 弄）2 号安家。此处先前居住着安徽都督柏文蔚。当许德珩接李大钊电报为陈找房时，正巧柏文蔚要离沪，更巧的是，柏、陈这两个安徽老乡原有交集。

二楼厢房是陈独秀、高君曼的卧室，亭子间先前堆杂物，后住李达。底楼客厅是《新青年》编辑部，也是开会地；统厢房曾住过陈望道。包惠僧记得："陈独秀夫妇的卧室在当时的眼光看起来算是很漂亮的，有铜床、有沙发、有梳妆台、有写字台，壁上还挂了几张精致的字画。"

统楼为书房。包惠僧说："书柜书架堆满了书，排列在东北二方。靠南的窗下有张写字台，写字台的两边都有椅子，另有一方靠壁有张小圆桌，圆桌靠壁的南北各有椅子一张。""楼下的堂屋是堆满了《新青年》杂志和新青年社出版的丛书，统厢房前半间有一张假红木的八仙桌，有几把椅子，也有几张凳子，没有什么红木家具。"他补充道，"不过照乡下人看起来，说是假红木的家具也可以。"

这一幢坐北朝南、建于 1912 年的两层砖木结构石库门小楼，成为中国共产党诞生的孵化基地。

"最早酝酿在中国建立共产党的是陈独秀和李大钊"（《中国共产党历史第一卷（上册）》）。对这些传播马克思主义的中国先进知识分子来说，1920 年是个转折点——建党摆到了日程表之上。

因受北洋政府的死亡威胁，陈独秀于是从北京出走到上海。李

大钊护送他至天津，陈再乘船到上海。路上，两人商谈建党之事。到上海后的陈独秀，与李大钊商定分别在两地开始组织筹建的工作。

两个月后，俄共（布）远东局符拉迪沃斯托克（海参崴）分局外国处全权代表维经斯基（也译魏经斯基）与翻译杨明斋等到京。中国能否建立共产党是他们要调研的内容之一。李大钊介绍他们到沪见陈独秀。京沪行令维经斯基认为中国已具备条件建党，并同意给予指导和帮助。

也是四五月到上海的陈望道，与陈独秀、邵力子等住得近。他们"经常在一起，反复地谈，越谈越觉得有组织中国共产党的必要。于是，便组织了'马克思主义研究会'。这是一个秘密组织，没有纲领，会员入会也没有成文的手续。"参会者有陈独秀、李汉俊、沈玄庐、陈望道、施存统、邵力子、俞秀松、戴季陶、沈仲九、刘大白等。

陈望道回忆研究会的主要工作有：在南成都路辅德里632号A办平民女校，学生有十七岁的丁玲和比她大的王一知（张太雷夫人）；成立印刷、邮电、纺织等工会；建立社会主义青年团（S.Y）；加强宣传，如1921年元旦贺卡正面写"恭贺新禧"，反面抄《共产党宣言》，宣传共产主义的口号。

"1920年6月间，陈独秀、李汉俊、沈仲九、刘大白、陈公培、施存统（施复亮）、俞秀松，还有一个女的（名字已忘），在陈独秀家里聚集。沈玄庐拉戴季陶去，戴到时声明不参加共产党，大家不欢而散，没有开成会。"施存统说的女性是丁宝林。

施存统说："第二次，陈独秀、俞秀松、李汉俊、施存统、陈公培五人，开会筹备共产党，选举陈独秀为书记。"他强调："我们五人起草的党纲，不是党章。"内容"大概提到：用劳工专政和

● 1916年《新青年》第二卷第一号　　　● 1923年《新青年》（季刊）创刊号

生产合作为革命手段等。那时，我们没有看到苏联共产党党章，我们的纲领只是根据很有限的日本马克思主义著作拟定出来的，带有相当浓厚的社会民主党色彩"。

　　《中国共产党历史第一卷（上册）》写道："围绕着是用'社会党'还是用'共产党'命名的问题，陈独秀征求李大钊的意见。李大钊主张定名为'共产党'，陈独秀表示完全同意。""当时取名为'中国共产党'。这是中国的第一个共产党组织，其成员主要是马克思主义研究会的骨干"。

　　中国第一个共产党组织称"党"，而非"上海共产主义小组"。李达在1954年2月23日给上海革命纪念馆筹备处复信中强调："一九二〇年夏季，中国共产党（不是共产主义小组）……"。"小组"

● 1920 年 《共产党》创刊号

则出现在中共一大给共产国际的报告中："中国的共产主义组织是从去年年中成立的。起初，在上海该组织一共只有五个人。领导人是享有威望的《新青年》的主编陈同志。这个组织逐渐扩大其活动范围，现在已有六个小组。"（《中共中央文件选集》第一册）把一大召开前的中国共产党组织叫"共产主义小组"为约定俗成之称，其实在 1954 年，人民出版社在出版《新青年》《共产党》影印本时，就改称"上海发起组"。1978 年后，改"共产党早期组织"。

《中共上海党志》记载，"先后参加党组织的有：陈独秀、李汉俊、李达、沈玄庐、陈望道、俞秀松、杨明斋、邵力子、沈雁冰、袁振英、林伯渠、沈泽民、李启汉、李中、施存统、周佛海等人。《新青年》从第八卷第一号起，改为中国共产党发起组的机关刊物。"陈望道认为："改为机关报后有两个特征：一搬到上海出版；二辟社会主义研究栏。"这专栏，叫"俄罗斯研究"。

就在 1920 年 8 月，陈望道翻译的《共产党宣言》作为"社会主义研究小丛书第一种"出版，工人周刊《劳动界》创刊，全国第一个社会主义青年团建立。9 月，上海共产党早期组织创办外国语学社输送青年赴俄，许之桢记得校牌"字是用魏北体书写的"。

11 月，"第一次比较系统地表达了中国共产主义者的理想和主张"

的《中国共产党宣言》问世。现存的《宣言》来自共产国际中共代表团档案，该中文稿译自英译稿，而中文原件失落。中国共产党第一篇重要文献的内容为：1.共产主义者的理想。2.共产主义者的目的。3.阶级斗争的最近状态。是月，《共产党》创办，中国第一个工会——上海机器工会成立。

12月，陈独秀赴广东任教育委员会委员长，李汉俊代理书记。李达说，李汉俊因与陈在党组织实行中央集权还是地方分权上有矛盾而辞职，由李达代理。

1920年在上海建立的中国第一个共产党组织，实为中国共产党发起组。"上海的共产党早期组织通过写信联系、派人指导或具体组织等方式，积极推动各地共产党早期组织的建立。"（《中国共产党历史第一卷（上册）》）

广东组织是陈独秀在广州建的。陈独秀发信给李大钊和毛泽东，让他们分别在北京和湖南建组织，并且还与山东王乐平联系，请王转告王尽美、邓恩铭筹建组织。

李汉俊写信给董必武，让他在武汉建组织，在沪的刘伯垂被派去武汉相助。

在海外：施存统去东京与周佛海成立旅日组织。陈独秀叫张申府到法国发展刘清扬和周恩来，又派了赵世炎、陈公培去。张申府就此回忆道："我与周恩来、刘清扬、赵世炎、陈公培五人在巴黎成立了共产党小组，大家都明确是共产党员，但对外不公开，我与国内的陈独秀常有书信往来。"

1921年7月23日，中国共产党第一次全国代表大会在上海望志路106号（今兴业路76号）李汉俊之兄李书城的寓所召开。

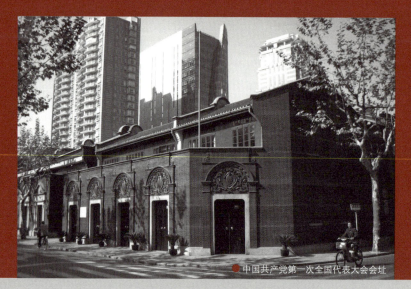

●中国共产党第一次全国代表大会会址

【红·点】中国共产党第一次全国代表大会会址 兴业路 76 号
【红·片】中国共产党第一次全国代表大会代表宿舍旧址 太仓路 127 号
中国共产党发起组成立地（《新青年》编辑部）旧址 南昌路 100 弄 2 号
中国社会主义青年团中央机关旧址 淮海中路 567 弄 6 号
中国共产党代表团驻沪办事处（周公馆）旧址 思南路 73 号

兴业路的那些事

　　2016 与 2017 年，上海举办国际马拉松赛现场，我为直播撰写解说词。比赛路线途经上海中共一大会址纪念馆，当第一集团跑至距起点 10 公里处的黄陂南路时，电视台直播一段解说词，接着是记者与演播室连线。出镜记者的身后，就是人们熟悉的兴业路上的石库门建筑。

　　我上大学读"中共党史"这门课是在 1979 年。对我们政教系的学生来说，这门课要比其他系的同学多上两个学期，也就是一学年。如果在大学读的是中共党史系，那这门课就要上整整四年。

　　讲到中国共产党第一次全国代表大会时，老师提到的两件事让

大家颇感兴趣。一件是关于党的诞生日，不是 7 月 1 日，而是 7 月
23 日。另一件是出席大会的代表人数。过去一直讲是各地的共产主
义小组派出十二名代表，即：湖南长沙的毛泽东、何叔衡，湖北武
汉的董必武、陈潭秋，山东济南的王尽美、邓恩铭，上海的李达、
李汉俊，北京的张国焘、刘仁静，广东广州的陈公博，以及旅日共
产主义小组代表周佛海。1949 年中华人民共和国成立后，曾一度偏
离人生航向的包惠僧提出，他也是中共一大的代表，并请求复归。
老师说包惠僧还给自己取了个名，叫"栖梧老人"。他的妻子谢缙
云曾说"栖梧"两字的含义："包先生从澳门回到祖国内地，觉得
新中国如同一棵茂盛的梧桐，而他只是飞来栖息其间的一只小鸟。

● 中共一大会址内景（当年的会议室）

● 修葺一新的树德里

这笔名也反映出他的自卑心理。"

在今天的兴业路 76 号中共一大会址纪念馆内，有了包惠僧的照片。列席会议的还有两个老外，那是共产国际代表马林和尼柯尔斯基。

兴业路 76 号，原上海法租界望志路 106 号，属树德里；望志为法租界公董局的总工程师，改成今天这名是在 1943 年。这里原是中共一大代表李汉俊的哥哥李书城的寓所，为一上一下的石库门结构；开会的屋子，面积约有十八个平方米。中华人民共和国成立后，上海市政府经调查核实，确定此地为一大会址；遂恢复原貌，建立会址纪念馆。后又经过近一年的扩建，于 1999 年 5 月 27 日上海解放五十周年之际重新开放。早在 1961 年，一大会址就被国务院公布为全国重点文物保护单位。

一大开会，先在上海兴业路，后又转移至浙江嘉兴南湖。因在 7 月 30 日，有一名密探从后门闯入，看到许多人围坐长桌，其中还有外国人，就借口找错了人家离去。代表们马上休会离开。没多久，巡捕房便来搜查。8 月初的一天，大会就转移到嘉兴南湖的一艘画舫上继续举行。

1968 年，我登上这只宣告中国共产党正式成立的红船。当时，还要脱鞋上船。我还记得，岸边是鞋子一大片。

当年，船在湖中行，在与会代表们的商讨下，中国共产党第一个最高决策机构中央局也选举产生了。中央局一共有三人，陈独秀为书记，李达负责宣传工作、张国焘负责组织工作。毛泽东后来这样说："自从有了中国共产党，中国革命的面目就焕然一新了。"

还有一件有意思的事，不是老师说的，而是出自日本著名作家芥川龙之介：一大会议召开前，望志路 106 号走进了一个日本人。

1921 年 4 月，芥川去了一个共产主义者的家，与他同行的是《大阪每日新闻》的村田。他 1921 年（大正十年）8 月 19 日写的《上海游记》（连载于日本《每日新闻》）的第十八节，记录了这次走访，该节小标题为"李人杰"。

李人杰即李汉俊，他原名书诗，又名人杰，号汉俊，芥川称其为"李氏"。见面前，芥川就知道"他是个社会主义者，是上海被国内外称之为'Young China'（年轻的中国）的代表人物之一"。其实，他是中国最早建立的上海中共早期组织的代表人物之一，就在他们见面后不久，又作为上海代表参加了中共一大。

"我们所在的会客室里，还有一架木梯从二楼垂到房间的一个角落里。为此，当主人从梯子上下来的时候，客人首先看到的是脚。就拿李人杰的形象来说，我首先看到的是他那双中国布鞋。不管拜见任何天下名士，从未有过先从脚底向上拜见的啊。"到底是小说家，形象的描述不失幽默。随着他展现的画面的打开，李氏来到面前。

"他是个身材矮小的青年。头发稍长。面颊细瘦。气色不甚佳。两眼闪着才气。一双小手。"他给芥川印象不坏，"犹如触摸到了时钟那细而坚韧的弹簧。"有个地方芥川有误，说"李的年纪仅有二十八岁"，实际当时李汉俊的岁数是三十一岁，比芥川大两岁。

两人虽初见，但是颇有缘。一是他俩是大学校友，李氏就读于东京帝国大学工部，芥川为该校英文科毕业；二是李氏留学日本时，读过芥川的一两篇小说。芥川一听，说自己的虚荣心顿时旺盛，"这确实让我对李氏增添了几分好感"。

交谈没有障碍。李氏日语讲得极其流畅，而且"特别是那些难以讲清的道理，也能让对方理解。在这方面，他的日语也许比我的日语还强"。

1921 年的中国，"自鸦片战争失败以后，一步一步变为半殖民地半封建社会。为了挽救国家和民族的危亡，中国人民进行了艰苦卓绝的斗争；中国的先进分子历经千辛万苦，探索救国救民的真理，尝试过种种改造中国社会的方案。"（《中国共产党历史》（第一卷上册）

芥川的提问直逼当下严峻处境：现代的中国该怎么办？

李氏答："要解决这一问题，既不在于共和，也不在于复辟。此种政治革命于中国之改造无能为力。过去业已证明之，现时仍在证明着。然而，吾人所该努力者，唯社会革命之一途。"李氏又说，"欲进行社会革命，则不能不依靠宣传。因之，吾人要著述。"

"留学日本期间接触和研究过马克思主义的几位进步青年，对马克思主义在中国的早期传播也起过重要的作用。"其中有李达和杨匏安。"此外，李汉俊回国后也发表了一批宣传马克思主义的文章。"（《中国共产党历史（第一卷）上册》）

芥川写道："'种子已在手，只怕万里荒芜。抑或力不能及。吾人之肉体，能否忍受此辛劳。此乃堪忧之所以。'李氏言毕，双眉紧锁。"

对这次采访，芥川心存遗憾："我所做的笔记仅此而已。李氏的言谈机敏利落。"同去的村田则感叹："此人脑袋很好。"

对采访本所记内容，芥川说："当时用铅笔写得十分潦草的文字，有不少已经模糊不清了。"但无意中，他却留下对中共一大开会场地最早的"报道"："有小僮，及时引我等到会客室。只见室内有长方形桌子一张，西式椅子两三把，盘子一个，内盛陶制水果。一只梨子，一串葡萄，一只苹果。放眼望去，除了这些不高明的自然物的仿制品之外，没有一件赏心悦目的摆设。然而室内不见尘埃，充满了简朴气氛，令人愉快。"

这个会客室位于望志路 106 号楼下，楼上则是李汉俊书房兼卧室。隔壁的 108 号楼下住佣人，楼上是李汉俊的哥哥李书城的夫人、也就是他嫂嫂薛文淑的书房。

三个多月后，中共一大在芥川曾造访的李氏的屋子里召开。

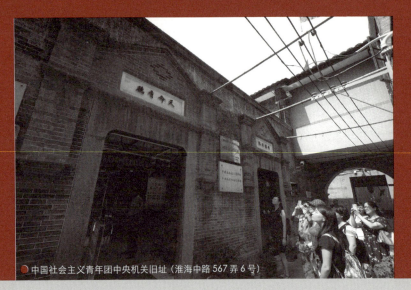

中国社会主义青年团中央机关旧址（淮海中路 567 弄 6 号）

【红·点】中国社会主义青年团中央机关旧址 淮海中路 567 弄 6 号
【红·片】中国共产党发起组成立地（《新青年》编辑部）旧址 南昌路 100 弄 2 号
中华职业教育社旧址 雁荡路 80 号
第一次国共合作时期国民党上海执行部旧址 南昌路 180 号
许广平旧居暨《鲁迅全集》（第一版）编辑部旧址 淮海中路 927 弄 64 号

新渔阳里，青春出发

　　2019 年 6 月 14 日下午，我来到淮海中路 567 弄，弄内 6 号是中国社会主义青年团中央机关旧址。两个月前，这一全国重点文物保护单位在修葺后重开，前来参观的人不少。工作人员让大家排在弄堂口等候，一批批地依次入弄。

　　要去团中央机关旧址，找起来并不难。你只要找到淮海中路和成都南路这一丁字路口，就可看到路口西南的淮海中路 567 弄。若要问路，恐怕问"新渔阳里"要比问"淮海中路 567 弄"来得更有效些，因为知道前者的要比知道后者的多。这里是当年的法租界霞飞路（今淮海中路）新渔阳里6号（今淮海中路567弄6号）。

团中央机关所在的霞飞路新渔阳里6号，为一栋建于1919年的二上二下普通砖木结构的石库门住宅，坐北朝南。建成后，这里住进了国民党元老戴季陶。戴季陶于1920年春搬走后，俄籍华人、俄共党员杨明斋（杨好德）便租住下来。他是俄共（布）远东局代表维经斯基的翻译和助手，中国共产党上海发起组的成员。在成为团中央机关之前，这里是中国共产党的第一个通讯社——中俄通信社的所在地，也是筹建党组织的一个主要活动场地。

1920年6月，中国共产党发起组在上海成立，书记陈独秀，参加者有李汉俊、俞秀松等。发起组派出最年轻的俞秀松，由他联络了金家凤、袁振英（袁震瀛）、叶天底等青年，着手筹备上海社会主义青年团组织。

8月22日，中国第一个社会主义青年团——上海社会主义青年团（Shanghai Socialist Youth League）诞生，书记为二十一岁的俞秀松。上海社会主义青年团的发起人有：俞秀松、施存统、沈玄庐、陈望道、李汉俊、金家凤、袁振英、叶天底。不久，上海青年团发展到三十多人。

上海社会主义青年团的创建，对各地青年团的建立起到了发动和指导作用。随后，北京、天津、武昌、汉口和长沙等地相继成立了团的组织。在上海，俞秀松带领团员们积极配合中国共产党发起组的工作。就在团成立前的8月15日，中国共产党发起组创办了《劳动界》周刊，任编辑的俞秀松带领团员们到工人中进行大量调查，迅速扩大《劳动界》在工人中的影响。1921年3月3日，上海法商电车电灯公司车务部全体工人举行罢工，俞秀松带团员们深入其中，给予工人援助和指导，最终使资方被迫同意按职务增加工资一至二成等条件。1921年3月，团临时中央执行委员会在新渔阳里6号成立。

新渔阳里的星星之火引起了敌人的注意。1921年4月29日，法租界巡捕房突然搜查了6号。5月，"因思想信仰不一、人事变动和经费不足等原因"（《上海青年志》），上海社会主义青年团宣告暂时解散。

为了掩护青年团的活动并培养干部，1920年9月，6号门口挂上一块白底黑字的木牌，上面写着"外国语学社"。杨明斋时为负责人，俞秀松任秘书，他们开始筹划团员赴俄留学的事宜。

6号的楼下客堂为教室，教室后是厨房和餐室。二楼厢房是学员宿舍，客堂为团中央办公室。在东亭子间住着的是俞秀松，他原住白尔路三益里17号，那里是李汉俊主持的《星期评论》社。西亭子间是杨明斋卧室，兼中俄通信社办公室。这些房间的当年定位，根据原学员前全国人大常委会副委员长萧劲光大将、前全国总工会副主席许之祯等人回忆，得到前国家主席刘少奇、前副总理柯庆施等人实地勘核。

9月28日，《民国日报》刊登了"外国语学社"的招生广告："本学社拟设英、法、德、俄、日本语各班，现已成立英、俄、日本语三班。除星期日外每班每日授课一小时，文法读本由华人教授，读音会话由外国人教授，除英文之外，各班皆从初步做起。每人选习一班者月纳学费银元二元。日内即行开课，名额无多，有志学习外语者请速向法租界霞飞路新渔阳里六号本社报名。此白。"由此引来了一大批进步青年，其中有之后成为著名作家的蒋光慈和翻译家曹靖华。从各地走进新渔阳里的还有各地团组织推荐的青年，其中有刘少奇、罗亦农（罗觉）、汪寿华（何今亮）、任弼时、王一飞、萧劲光、许之桢和柯庆施等五十多人。

在外国语学社，学生半天上课、半天自修。杨明斋、王元龄，还有维经斯基夫人库兹涅佐娃教俄语；李汉俊教法语；李达教日语；袁振英教英语；俄国记者斯托比尼还教授学生世界语。

马克思说，"外国语是人生斗争的一种武器"，但更重要的武器是马克思主义理论。除了学外语，学生还系统地学习马克思主义理论；陈望道翻译的第一个中文全译本《共产党宣言》一个月前在上海印刷成册，他拿着这本火热出炉的经典在新渔阳里开课讲解。此外，外国语学社每周开一次政治报告会并进行讨论，除了俞秀松作了大部分报告外，还邀请陈独秀、陈望道、李达、李汉俊等人演讲。

新渔阳里6号，成了中国共产党培养干部和后备力量的第一所学校。中共发起组成立的教育委员会，从学生中挑选了数十位优秀团员和青年赴莫斯科东方大学深造。他们回国后，为建立新中国贡献卓越，其中的刘少奇、任弼时等成为了中国共产党的第一代领导人。

1921年11月，受中共中央局委托，张太雷负责上海社会主义青年团的恢复和整顿工作，主持制定《中国社会主义青年团临时章程》，其中规定："正式中央机关未组成时，以上海机关代理中央职权"。中央局负责人为施存统。

1922年1月15日，由北京地方团主编的《先驱》创刊。5月5至10日，中国社会主义青年团第一次全国代表大会在广州召开，大会制订了《团章》和《团纲》，选举施存统为团中央书记。上海团组织改为中国社会主义青年团上海地方执行委员会，直属团中央领导，其职权和管辖范围为管理上海市区内团的组织和工作。1925年，中国社会主义青年团改为中国共产主义青年团。1949年4月，成立中国新民主主义青年团。1957年5月，改为今名。

值得一提的是，还有数个"红色第一"出自这幢石库门房子。1920 年 10 月 3 日，在中共发起组帮助下组建的中国工人自己的第一个阶级工会——上海机器工会在这召开发起会；宣读了陈独秀和李中起草的《机器工会章程》。陈独秀、杨明斋、李汉俊、李启汉等中共发起组成员以参观者身份出席，并推举为名誉会员。《劳动界》的姐妹刊《上海伙友》10 月 10 日创刊，这份中共发起组帮助办的店员刊物也在这里筹备。1921 年，在这里举行了上海第一次庆祝三八国际劳动妇女节活动和上海工人庆祝五一国际劳动节的筹备会……

1950 年 9 月，奉时任中共上海市委宣传部副部长姚溱之命，沈之瑜和杨重光在负责寻找中共一大会址的同时寻找团中央机关旧址，线索是"外国语学校"。沈之瑜从周佛海妻子杨淑慧那了解到，陈独秀办过一个外国语学校，在霞飞路新渔阳里 6 号，离环龙路（今南昌路）老渔阳里 2 号陈独秀家不远。想来，背靠背的新老渔阳里在那时弄堂是连通的。沈之瑜他们来到新渔阳里，这里在 1921 年改为铭德里，但"6 号"门牌依旧未改。

1957 年，团中央机关旧址按原貌修复，此弄也恢复为渔阳里。1961 年 3 月 4 日，这里被中华人民共和国国务院公布为第一批全国重点文物保护单位。1987 年，旧址再次进行整修，于 1989 年 5 月 4 日青年节对外开放。

在进入新世纪的 2001 年，中国社会主义青年团中央机关旧址纪念馆在此筹建，1 号至 6 号的石库门住宅全纳入其中。该纪念馆于 2004 年建成开放。四年后，纪念馆又进行了整体改造，于 2019 年 4 月 29 日重新对外开放。

从新渔阳里走出的青春出发者中，有十一位为了中华人民共和国的诞生而光荣牺牲，书写了一篇篇壮丽的青春篇章。他们是：汪寿华、谢文锦、李启汉、王一飞、叶天底、罗亦农、吴芳、雷晋笙、梁柏台、俞秀松、傅大庆。其中，俞秀松在苏联肃反扩大化中冤死异国，年仅四十岁。这位团的第一任书记，以生命实现了自己的诺言："我个人生死微不足道，让鲜血换来新中国的胜利，我心甘情愿！"

● 原上海国棉二厂内的顾正红烈士雕塑

【红·点】五卅惨案爱国群众流血牺牲地点　南京东路 772 号附近
【红·片】五卅运动纪念碑　南京西路、西藏中路西南侧绿地
上海市历史博物馆（上海革命历史博物馆）南京西路 325 号
红色第一店　上海市第一百货商店　南京东路 830 号
上海解放第一声　新新公司凯旋电台旧址　南京东路 720 号
永安公司绮云阁——上海解放南京路上第一面红旗升起处　南京东路 635 号

"五卅"的三块记忆碎片

在南京东路 627 号上班的日子里，我时常走过"五卅惨案"发生的地方。那是在南京东路路北、贵州路和六合路间，也就是在大光明钟表店和泰康食品公司的位置，门牌是南京东路 772 至 776 号。墙上有纪念铭牌。

这里原是公共租界工部局老闸捕房南京路大门。20 世纪 30 年代初，公共租界工部局将此门堵封，改由贵州路门口进出，原"五卅惨案"流血地点——老闸捕房南京路大门处改建商铺。在上海解放十周年前夕，即 1959 年 5 月 26 日，此处被公布为上海市文物保护单位；1977 年 12 月 7 日，又被命名为上海市级革命纪念地。1985 年 5 月 29 日，上海市文物管理委员会在遗址勒石纪念，并举行揭幕仪式。现在，纪念点被移至南京东路步行街的中心。

"在'五卅惨案'中牺牲的有十三人，他们是：何秉彝（二十三岁，上海大学学生，共青团上海地委组织部主任）、尹景伊（二十一岁，同济大学学生，校学生会执行委员）、陈虞钦（十七岁，南洋附中学生，）、唐良生（二十二岁，华洋电话局接线生）、陈兆长（十八岁，南京路东亚旅馆厨工）、朱和尚（十六岁，洋务职工）、谈金福（一名谈全福，二十七岁，九江路味香居教门馆伙友）、邬金华（十五岁，新世界职工）、石松盛（二十岁，南京路大中华电器公司工程部主任）、陈兴发（二十二岁，九江路陈发昌包车行车匠）、王纪福（三十六岁，裁缝）、姚顺庆（二十八岁，谋得利琴行漆工）、徐落逢（又名徐洛逢，二十六岁，洋货商人）。十三人中，除了王纪福三十六岁外，其余的都是二十岁左右的青年。"（《上海青年志》）

九十多年过去了，我们拾拣起"五卅"的三块记忆碎片。五月的阳光穿越时空，滴水映出了大海的波澜。

碎片一：学联募款，一周募得三千一百多元

学联是上海学生联合会的简称。1925年5月15日，日本资本家枪杀日商内外棉七厂共产党员顾正红并打伤多名工人。16日，内外棉五、七、八、十二厂的八千多工人愤而罢工，沪西工友俱乐部等三十五个工商学团体组织了"日人惨杀我同胞雪耻会"。据《上海青年志》："5月17日，上海学联召开执委会，决定发起募捐，并电请北京政府向日本提出抗议。会后，上海学联动员上海文治、复旦、交通、同济、暨南、南洋等院校及部分中学学生，组成三十个小队，从18日开始，到南京路等闹市区向民众宣传顾正红被害真相，并为救济死伤工人募捐。"

罢工需要物质支持，特别是资金。资金的多少关系到坚持时间的长短。学联组织的三十个募捐小队，每队五人。先是男女分队，后发现女队募得捐款比男队多，于是改成男女混编。队内分工是二人宣讲，三人发传单。每队配一竹筒，用来放置募到的钱，晚上再劈开竹筒，取钱清点。

募捐主要在闹市的南京路、新世界和大世界，交通枢纽东新桥及静安寺等地点，还有人流较多的北站及十六铺码头。从1925年5月18至25日，一周募得三千一百多元，其中一部分给了顾正红的叔叔顾汝舫。大部分则交后援会，援助生活较困难的罢工工人。工人收入很低，一般一天才三角几分。上海总工会第二办事处第一次发放募捐款是每人十至十二元，第二次发六元。

● 五卅运动爆发时上海总工会的游行队伍

● 五卅运动爆发时上海市人民为抗议帝国主义的大屠杀举行示威游行

碎片二：五卅游行，上海总工会的队伍有五百三十人

5月28日晚，中共中央和上海党组织召开紧急会议。"会议还决定5月30日在租界内举行大规模的反帝示威活动，反对公共租界提出的压迫华人的四项提案，援助罢工工人。"（《中国共产党历史（第一卷）上册》）

5月30日中午十一点半，队伍按规定时间在指定地点集合完毕。排在前面的是工人的队伍，六人开道，拉着横幅。走在最前头是纠察队。其中，上海总工会的队伍五百三十人，寓意为今天的日子——5月30日。其余队伍依此按行业工会排列：铁路、海员、码头、纱总、印总、邮政、电讯、电气、自来水厂、造船、店联等。工人的队伍从领事馆路（今北京东路）河南中路口一直排到外滩，然后往南北两边分开，南延至爱多亚路（今延安东路）外滩天文台，北则到外白渡桥。工人队伍之后是学生队伍，他们从长沙路、温州路排到北京路河南中路口。

游行队伍四人一排，五排二十人为一小队；每小队有一队长，负责领呼口号；另设纠察、联络各一人。三个小队为一个中队，三个中队为一个大队。另组织了游行宣传队，参加游行的每所大学分别组织二至三队，每个

● 《申报》刊登"五卅惨案"消息

● 1926 年，五卅
周年纪念大会

中学组织一队。宣传队每队五人，其中演讲、发传单各二人，另一
人为联络。在游行队伍行进时，分别向市民进行演讲宣传。

下午一点，指挥部一声令下，游行开始。

碎片三：枪响老闸捕房，血染南京路

1889 年（清光绪十五年）12 月 13 日，南京路 51 号老闸捕房新
址落成，建造耗银四万六千两。捕房内设有牢房，可关押三十名华
犯和十名西犯，另有房专关乞丐，可容二十人。

在老闸捕房搬至南京路的一百年后，我走进贵州路 101 号的上
海商业职业技术学校（现上海市商贸旅游学校），这里就是原老闸
捕房。朋友带我到总务处，看到了当年的牢房。办公桌放在铁栅栏
外的空地上，原牢房里堆放着文具等。目前，这里仍保留着解放前

老闸捕房的牢房旧址供人参观。

让我们回到 1925 年 5 月 30 日。上海大学社会学系学生陈企莼（又名陈铁梅）走在游行队伍里。当时，他任学联文书兼联络。在先前召开的全国学联六大上，他被选入执委会，负责宣传。他回忆道："这是一次规模空前的反帝游行，轰动了上海这个十里洋场。远近居民，扶老携幼，带着小凳、竹椅，静坐在南京路两边街沿。沿路各幢楼房的窗口以及先施、永安等四大公司的屋顶花园，都挤满了人群。当队伍行进到南京路、河南路口时，人如潮涌，水泄不通。"

老闸捕房两扇大铁门关起了一扇，三十几个被上海人叫做"红头阿三"的印度巡捕在门外站成一排。印度巡捕们把演讲的学生一批批抓了进去。此时，陈企莼与同在学联工作、任秘书的何秉彝同在一队中，在南京东路福建中路口的全羽春茶楼下演讲。听联络员说捕房抓了不少人，各宣传队连忙赶去。人山人海的南京路已寸步难行，他们从九江路绕道到捕房。这时，门口的印度巡捕已增加到三排。人们高呼"打倒帝国主义""立即释放被捕者！"，并有人用英语大声质问："我们在自己的土地上演讲，犯什么罪？"

陈企莼说："相持到下午四点半，捕头爱活逊出来，用英语在扩音器里骂游行群众是'暴徒'！他看看手表，限令人们十分钟内撤退，群众不理。过了五分钟，群众仍不散，爱活逊边骂边下令开枪。"

南京路上，鲜血遍地。受伤的陈企莼被送到仁济医院："我弹中腿部，昏迷一阵醒来，看到死伤的都倒在同昌车行、瑞泰进出口行、老凤祥银楼一带。南京路上笼罩着恐怖气氛，一片寂静。"

上海人民没有被吓倒，中国人民没有被吓倒。瞿秋白在《国民会议与五卅运动》中写道："五卅后民众运动的发展，一直波及于穷乡僻壤，山西太原等处都有工会的成立，江浙则甚至于小小村镇如双林、义乌等处，都起来响应。上海的街头巷口，普通的小商人，十三四岁的儿童，争着写贴'打倒帝国主义,废除不平等条约'的标语，争着唱五卅流血的时调山歌。这岂不是革命运动深入普遍的群众之明证！"（《新青年》月刊第 3 号，1926 年 3 月 25 日）

● 三山会馆

【红·点】上海工人第三次武装起义时工人纠察队沪南总部——三山会馆 中山南路 1551 号
【红·片】火警钟楼和上海救火联合会旧址（上海工人第三次武装起义纪念地） 中华路 581 号
上海工人第三次武装起义发布命令地点 自忠路 361 号
半淞园新民学会会议处遗址（望达路以东、花园港路以西、南临黄浦江、北靠半淞园路）
上海书店遗址 人民路 1025 号

三山会馆的枪声

1927年4月12日4时，凌晨的天幕还是漆黑一团。突然，密集的枪声在三山会馆响成一片。进攻会馆的是国民革命军第二十六军，这支部队由北洋军阀孙传芳"五省联军"中的浙江陆军第3师改编而来。会馆内，几百名沪南工人纠察队员依托高大厚实的围墙奋力还击。激烈的枪战持续了两个小时。二十六军动用了铁甲车，孤军奋战的工人纠察队终因众寡悬殊而失守三山会馆。陈廷郊、郝志华和何杰等队员牺牲，被缴步枪三百四十五支，轻重机枪十架及大批弹药。

这是中国近代史上最为黑暗的一天，蒋介石发动了"四一二反革命政变"。3月26日，蒋介石乘"楚同舰"来沪密谋策划，指使流氓头子黄金荣、杜月笙和张啸林组织中华共进会。4月12日凌晨，大批青红帮武装流氓伪装成工人，冲出租界，向工人纠察队展开全面进攻。此时，二十六军借"调解"工人"内讧"，骗驻守的工人纠察队开门，收缴枪械。

在南市的三山会馆和华商电车公司遭二十六军袭击的同时，闸北的上海总工会所在的湖州会馆、上海工人纠察队总指挥部东方图书馆和商务印书馆印刷所，以及吴淞、浦东、沪西等地的工人纠察队均被

●上海工人纠察队

武装流氓袭击和二十六军缴械镇压。上海总工会向全国发出通电："东路军前敌总指挥白崇禧，突于本月十二日上午四时，下令沪上各军与租界当局所收买之流氓便衣队，包围上海闸北、南市、浦东之工人纠察队，用机关枪扫射八时以上，死伤多人，全体缴械。"在"四一二"这天，"工人纠察队被解除武装，纠察队员被打死一百二十多人，受伤一百八十七人。"（《上海工运志》）

听，枪声响于三山会馆，只因这里是沪南地区上海工人第三次武装起义的红色核心——工人纠察队指挥部。三山会馆成为敌人的眼中钉、肉中刺。

为配合国共合作的北伐战争，从 1926 年 10 月到 1927 年 3 月，上海工人在中国共产党领导下举行了三次武装起义。第一次和第二次武装起义，"都因准备不充分和条件不成熟而失败了。"（《中国共产党的七十年》）

●三山会馆门口旧貌

1926 年 10 月 24 日凌晨，上海工人举行第一次武装起义。当月 16 日，宣布独立的浙江省长夏超倒戈孙传芳并率保安队进攻上海，号称有数千人队伍的国民党上海军事特派员钮永建与中共上海区委联系，借此机会共举暴动。中共上海区委组织一支两千人工人纠察队，但只有一百三十支枪。22 日，夏超被孙传芳缴械。

23 日，得知消息的中共上海区委仍定 24 日凌晨发动武装起义。信号是钮永建策反的兵舰开炮，随后工人纠察队等袭击高昌庙兵工厂，先占龙华，再占上海。但约定的炮声未响，等待的工人纠察队大部分散去，展开行动的南市工人纠察队在袭击警署后被叫停。工人领袖陶静轩、奚佐尧等十一人被捕牺牲，起义失败。

1927 年 2 月 22 日，上海工人举行第二次武装起义。北伐军此时已抵嘉兴，中共上海区委决定晚六时三十六万工人总同盟罢工转武装起义。下午五时五十分，黄浦江上"建康""建威"两艘军舰向制造局等处开炮，发出起义信号。各区工人纠察队袭击军警，其中南市和闸北发生了激战。因接应汽船未来，工人纠察队无法按计划到建康、建威两舰取得武器，进而夺取兵工厂，完成起义的中心任务。这时，北伐军停止前进。23 日晨，中共中央和上海区委联席会议决定停止起义与总罢工。起义告败，牺牲四十多人，被捕三百多人。

英勇的上海工人阶级，揩干身上血迹，掩埋好战友遗体，又开始新的战斗。在第二次武装起义受挫的第二天，中共中央和上海区委成立起义最高决策机构特别委员会，由陈独秀、罗亦农、赵世炎、汪寿华、尹宽、彭述之、周恩来、萧子璋等八人组成，下设军事、宣传委员会。3 月 19 日，罗亦农发布第三次武装起义预备动员令。20 日，北伐军先锋抵上海近郊龙华。21 日十二时，上海八十万工人举行总同盟罢工并转为第三次武装起义。约三千人组成的工人纠察队，按计划分闸北、南市和沪东等七区向直鲁联军进攻。这时，在龙华的北伐军东路军前敌总指挥白崇禧遵总司令蒋介石令按兵不动。

在南市，沪南工人纠察队以三山会馆为联络点，约定中午十二时以小南门警钟楼钟声为号，分三路行动。王若飞、余茂怀带第一路一百三十九名法电工人组成的工人纠察队，凭少量手枪先后攻占第二区警察署一分署和第二区警察署。第二路队伍以华电工人为主，汪裕先率近百名纠察队员和群众攻占上海的警察首脑机关——淞沪警察厅。与第一路汇合后，两路队伍攻占水仙宫警察分署和第一区警察署一分署，占领上海电话局。第三路是以孙津川率一百多名吴淞机厂工人为主的纠察队，于下午二时五十分占领上海南站及第二区警察署第三分署。最后，各路胜利会师，在王若飞、王荷波、彭干臣、江元青带领下，攻克江南造船厂和高昌庙兵工厂。经四个小时激战，至下午五时取得南市的起义胜利。南市与虹口、浦东、吴淞、沪东、沪西等六区于当天完成任务。至22日下午六时，闸北最后据点北火车站被攻克；这标志着，经过三十个小时战斗，工人纠察队占领了上海除租界以外的市区，上海工人第三次武装起义终获胜利。

3月22日上午，第二次市民代表大会在九亩地新舞台召开，四千余名代表到会，王晓籁、汪寿华、林钧组成主席团。会上宣布上海特别市临时市民政府成立，推选出临时市政府委员十九人：钮永建、陈光甫、白崇禧、罗亦农、虞洽卿、王晓籁、谢福生、王景云、杨杏佛、汪寿华、郑毓秀、林钧、侯绍裘、王汉良、李震瀛、丁晓光、顾顺章、何洛、陆文韶，其中有中共党员九人。武汉国民政府中央执行委员政治委员会24日发电承认"上海市民大会为上海市民正式代表机关"。

23日，从华电迁至三山会馆的南市工人纠察队总部，就地召开"上海总工会工人纠察队南市总部"成立大会。起义总指挥周恩来到会并慰问纠察队员。上海总工会南市办事处、南市工会联合会在当天《时报》和《中报》刊登广告，宣布在三山会馆办公。三山会馆建起了党支部。住在这里的几百名武装的工人纠察队员，在会馆内操练，从这出发巡逻。三山会馆成了沪南地区中共党组织和工人纠察队的重要活动场所。

28 日，中共中央执行委员会发表《为此次上海巷战告全中国工人阶级书》，其中写道："三月二十一日从今成了中国革命史上最有价值的一个纪念日。此次上海八十万工人就在这一日举行总同盟罢工并暴动起来反对直鲁军阀的统治。整整经过二日一夜的巷战，工人终于解除直鲁军的武装并自己武装起来了。正因工人武装暴动响应，北伐军始不经战斗安全占领全上海，而上海各界民众亦得避免数千直鲁军抢劫之惨剧。"

中国最早的会馆为明永乐年间的北京芜湖会馆，为同乡组织；到明朝中叶，会馆发展为具有工商性质的组织，后成为明清时期城市中由同乡或同业组成的团体。上海开埠后，出现众多会馆，鼎盛时达四百多座，多在沿黄浦江和南市老城厢。

上海原有两个三山会馆，北在福州路，南在半淞园路引安弄 15 号。在"四一二"爆发枪战的沪南三山会馆，由旅沪福建水果商人在 1909 年（清宣统元年）集资筹建，占地四亩，历时五年而成。会馆取名福建省会福州，别称"三山"。关于"三山"这个名称，一说"三山"为东有九仙山、西有闽山、北有越王山。另一说是东南于山、西南乌石山、北越王山，此说出自北宋文学家、曾在福州为官的曾巩的文章。

三山会馆门额的上方刻有"天后宫"的字样，又称"天后宫"。会馆内大殿原供奉湄州天后神像，天后女神在闽粤民间称"妈祖"，出海者必先烧香膜拜。福建商人在此奉祀，其义已表露于大殿门口的一副对联上：天与厥福遍梯航同沾雨露，后来其苏抱忠信稳涉波涛。

1959 年 5 月 20 日，三山会馆被列为上海市文物保护单位。我曾去会馆参加上海银行博物馆的座谈会，今日所在的中山南路 1551

号已非当年原址。1985年中山南路辟通拓宽，会馆南移三十多米；1986年下半年开工重建，历时三年于1989年9月26日开放。

现三山会馆为三进砖木结构。漫步其间，不见"当年鏖战急，弹洞前村壁"的遗迹。这一占地面积一千多平方米的建筑群福建味浓，飞檐翘角，雕梁画栋，高大秀丽。四周围墙高约十米，一色红色清水砖面。在布局上，大殿对大门，戏台对大殿，其中出挑的标志性建筑是高约两米的古戏台。它建造精致，装饰华丽，两边有观楼，台中央顶部有全木藻井，并雕刻着沪上仅有的上海老城墙和八座城门于四周，藻井与四周"鱼尾龙"均为初建时贴金。三山会馆虽不是晚清上海会馆中最大的，却独具特色；而最有代表性的特色是：三山会馆写就上海建筑的两个"唯一"：唯一保存完好且对外开放的晚清会馆，唯一保存完好的上海工人第三次武装起义革命遗址。

● 小南门警钟楼（中华路 581 号）

【红·点】上海工人第三次武装起义发布命令地点 自忠路 361 号

【红·片】上海工人第三次武装起义时工人纠察队沪南总部 三山会馆 中山南路 1551 号

火警钟楼和上海救火联合会旧址（上海工人三次武装起义纪念地）中华路 581 号

第一次国共合作时期国民党上海执行部旧址 南昌路 180 号

上海市历史博物馆（上海革命历史博物馆）南京西路 325 号

"四一二"的四个表情

"1927年3月26日下午，蒋介石一到上海就与虞洽卿及商界的其他头面人物见面，希望获得他们的经济援助，以与武汉政权决裂。"帕克斯·M. 小科布尔在《上海资本家与国民政府：1927—1937》中的这段描述，带出了"四一二"第一个表情——虞洽卿：贪婪。

3月27日《申报》报道，租界为蒋介石签发特别通行证，他可带十名武装士兵出入租界。他见的虞洽卿是他的旧友，相识在上海物价交易所。不过，当时一个是高高在上的理事长，一个则是小巴辣子"红马甲"。

虞洽卿当时是上海商业联合会长，非上海总商会老大，而依附于北洋军阀孙传芳的总商会长傅筱庵已逃往大连。其实，虞洽卿北伐前就与广州国民政府有往来。1926年，宋子文和孙科等电邀上海总商会派名流赴穗，商会定王晓籁等四人为代表。因当时的上海是孙传芳的天下，有几位便借故推辞；而虞洽卿却派女婿盛冠中陪王晓籁前往。盛冠中回沪说，蒋介石很讲交情，很重浙东老乡情谊。

上海名中医陈存仁与虞、蒋同为浙东宁波人，他曾替虞洽卿诊视。他回忆，"记得他有两句最令人捧腹绝倒的话：梅兰竹菊多细撇！四书五经莫乱抛。一经他用宁波乡音读出来，就大大地笑煞人了。"

3月27日，虞洽卿向商联会报告与蒋会晤情况。小科布尔写道，"两天后，商业联合会的代表团会见了蒋介石，表示只要他和共产党决裂，就给予经济支援。据《字林西报》报道，代表团强调了上海'立即恢复和平与秩序'的重要性，并取得蒋许下的'迅速调整劳资关系'的保证。"据他统计：4月1至4日，上海资本家给蒋介石三百万元短期借款，25日又发放第二笔贷款七百万元。

蒋介石4月9日离沪赴宁,行前有密令给第二十六军军长周凤岐,并授权其指挥一切。小科布尔认为,"他并不完全信赖自己的军队,并力求避免和守卫上海西部地区的外国军队的冲突,乃求助于他早有密切联系的上海强大的下层社会组织——青帮。"

紧接登场的是第二个表情——杜月笙:凶残。

这副表情是杜月笙好友、88军军长范绍增所描绘的。范绍增1925年在杨森部当7师师长时认识杜月笙,杜月笙托这袍哥大爷助徒弟在其防区收鸦片。后女儿杜美霞又成范绍增的干女儿,两人关系密切。

1927年,北伐军到沪。东路前敌总指挥部政治部主任陈群、总司令部特务处长杨虎等找杜月笙,叫他动员上海帮会反共。杜月笙劝说了张啸林,再说服了黄金荣。这时,杜月笙的徒弟已混入总工会和纠察队。杜月笙时为法租界商会总联合会主席,他与租界当局商量,使他的人获得租界行动的方便。

范绍增说:4月12日不到四点,杜月笙的人"一律工人装束,佩戴工字臂章,携带武器,分股从租界铁门冲向南市和闸北纠察队驻地及电车工会、三山会馆、湖州会馆、申新纱厂"。他记得,"杜月笙等当时没有离开租界,而是在铁门内守候,看到他们的人都安全回来,才离开铁门。"

当时,国民革命军说总工会"通敌有据",借此大肆搜捕和屠杀。范绍增说"这一阴谋是杜月笙的得意之作"。其门徒发现纠察队没把收缴的直鲁联军符号、证件毁掉,"杜月笙建议拿这些东西作借口来捕杀工人"。

二十年后,1947年杜月笙六十岁生日那天,《中央日报》写道:

"十六年国军方奠定东南，上海伏莽遍地，一时人心未定，秩序纷然，先生以安定地方为重，与黄金荣、张啸林仗义执言，昭告国人，复默运机宜，不旬日而反侧以宁，此则有造于党国之始也。"

二十六军二团二营政治指导员慕中岳贡献了第三个表情：失望。

二十六军为孙传芳五省联军周凤岐的第三师起义所改编。东路军前敌总指挥部选派干部进该军做政工，慕中岳也在其中。二十六军驻扎在南市的南站附近普育堂。

他记得"着浅蓝色服装、左臂上带红青两色袖章、情绪饱满、态度和蔼的工人武装纠察队。我们问事问路，均热情亲切地回答，感到比同一部队还要亲密。"他还看到不少商号门上有很多粉笔写的标语："挽留薛师驻沪，反对刘师来沪"。

比二十六军先到上海是一军一师（由薛岳指挥）、二师（由刘峙指挥）。薛师驻闸北，较左倾，公开支持工会。"留薛"是陈独秀提出的，要求"各区党部分头召集党员大会拥护留薛"，因为他认为薛师是可依靠的军事力量。于是，上海总工会召开大会，以3月29日闸北十万人大会为最。可一厢情愿是留不住薛师的，4月5日薛师被蒋介石调往南京。与工人联欢过的刘师也被调走，换成了第二十六军这支旧军队负责"所有沪上防务"（《申报》4月7日）。

4月11日近晚十二点，慕中岳刚睡下就被叫起，与营长杨俊英一同到团部。团长赵观涛说，王桂林部到上海后，军风纪很坏，我团奉命予以缴枪解散。二营任务是"担任火车站方面游击队的缴械任务"。

12日凌晨三点，四处枪声一片。早上八点，慕中岳来到三山会馆。六连长翁国华指挥搬运收缴枪械，还有收缴的《工人运动浅说》《共产主义 ABC》等书籍。他进到第二院，看到有五六个受伤纠察队员坐廊檐下。工人纠察队沪南总部在三山会馆，市总工会南市办事处也在这办公。

黄埔军校何姓同学问："慕同志，你们军队为什么不通知我们一声，深夜来缴我们的枪？"

"何同志，我想不到你在王桂林的游击队工作。"

"什么王桂林的游击队！你们缴的是工人纠察队的枪。"他接着说。同军阀战上海牺牲不大，而现在黄埔学生就死了好几个，其中有慕中岳认识的政治科一队的周异三、三队的李玉等人。

慕中岳忙找杨营长，但杨营长这个老旧军人"捣糨糊"。此时他连团长也找不到。当他读到当天报纸，才知道"充当了镇压、屠杀武装工人的刽子手"。

因担心何的安全，慕中岳再去会馆，却只有三个看门的在那里。慕中岳说："我只有抱着失望、难以形容的情绪，离开这个为我永远不能忘记的地方。"

共产党人没被吓倒。第四个出场的是姜维新的表情：奋战。

1925 年，姜维新提出建"打狗队"清除工贼和走狗。该队原属中共沪西区委领导，后归中央政治保卫局三科，改名"红色恐怖队"，即"红队"。姜维新说："以后的工人纠察队，也是在这支队伍的基础上发展起来的。"

据时任纠察队第三大队大队长的姜维新回忆：4 月 11 日，他在商务印书馆（上海工人第三次武装起义时工人纠察队总指挥部）。一批流氓冒充工人，说总工会派来开联合大会，骗纠察队把枪架起来。军队随后跟进，把枪支弹药全运走，纠察队员被扣在附近教堂内四小时。姜维新赶到湖州会馆（上海工人第三次武装起义胜利时上海总工会会址）。他的新任务是准备游行的旗杆，他拿一百块到南码头买了一榻车竹子。

4月13日，他参加了青云路广场的十万工人大会。会后游行，纠察队举旗走在前面。游行队伍到宝山路时，第二十六军用步枪、机关枪扫射，打死一百多人。姜维新说："我也被打伤，逃到一个老百姓家里。那家老妈妈叫我脱下纠察队的制服，换上他儿子的衣服。到第二天早上，由她儿子陪我出去。"

养伤期间的姜维新领取了组织补助费回卡德路（今石门一路）家，过山海关路时被捕。他说："组织上拿出一笔钱，通过关系将我保了出来。"给他作保的是青帮"江北大亨"、天蟾舞台老板顾竹轩，其侄女婿姜维山是姜维新的弟弟。

脱险后，伤未痊愈的姜维新坐船去了武汉，开始新的战斗。

岁峥月嵘

- "嘀嘀嗒"：中共地下电台诞生记
- 黄浦剧场的五出大戏
- 不熄的"革命烽火台"
- 1949 年，上海保卫人民币

●秦鸿钧金神父路电台旧址（瑞金二路 148 号）

"嘀嘀嗒"：中共地下电台诞生记

"同志们，永别了，我想念你们！"

国民党军警破门而入，"噔噔噔"冲向小阁楼。在"嘀嘀嗒嗒"声中，李侠发出最后一组电码。

电影《永不消逝的电波》反映抗日战争和解放战争时期共产党的上海地下电台。那时，遭敌破坏的电台，一部是张唯一领导、负责与党中央联系的李白电台（1949年5月，李白牺牲）；另一部是秦鸿钧电台，先后由刘长胜和张承宗领导，对接中共华东局。后为长期隐蔽和安全考虑，上海只与中央联系，停止与华东局联络。该电台在1949年3月被破坏，秦鸿钧就义。

中共地下电台是伴随党和革命事业的发展而诞生的。在1928年党的"六大"后，筹建电台摆上了议事日程。当时，党中央无论与湘赣边界等不断壮大的革命根据地和红军，还是与白区各地坚持斗争的党组织联系，都需现代化的、更为快捷方便和安全的无线电通信。于是，地下电台的筹建落在了中国最大最现代化的城市——上海。

1928年10月的一天，中共法南区委所属法租界党支部书记张沈川，赶往三马路（今汉口路）的惠中旅馆。接上级通知，中共中央政治局常委秘书长兼组织部部长伍豪（周恩来）要找他谈话。

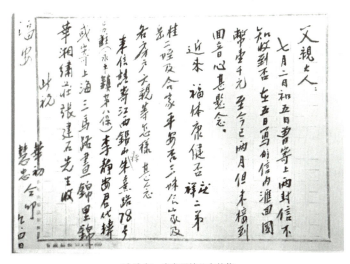

1948年，李白写给父亲的信

● 中共中央早期无线电训练班旧址
（巨鹿路 391 弄 12 号）

走进一楼的一个房间，张沈川见到周恩来。屋里等待谈话的，有何叔衡等五六个人。张沈川记得清楚："恩来同志和我谈话时，对我的情况问得很详细。问我过去在什么地方念书，参加过哪些政治运动。"

创建地下电台的任务重大而又艰巨，加之时间紧迫，又处在环境险恶的白色恐怖里，挑选合适的人，自然慎重。

"你是什么时候入党的，由谁介绍的？"周恩来问。

"1926 年 11 月在南昌入党，介绍人是朱雅林（曾在黄埔军校政治部，担任过中共中央政治局秘书等职）。"

张沈川回忆："他代表组织决定让我去学习无线电通信技术，要我找到学习场所后，向组织上汇报。以后，李强就经常帮助我学习，每月的生活费也是他带给我的。"

李强是中央特科第四科无线电通讯科科长，筹建地下电台的负责人。

谈话后的张沈川，留意起这方面的信息。一天，他从报上看到上海无线电学校的招生广告。学校在老西门蓬莱路，门口挂两块牌子：一块是校牌，另一块是"国民革命军总司令部第六军用电台"。

有卫兵站岗。两块牌子其实是一套班子,刘鹤年是台长兼校长,办学校是利用电台资源赚外快。

化名"张燕铭"的张沈川,经考试后被录取。为方便学习,他搬到离校不远的菜市路(今顺昌路),住在培德小学的亭子间里。组织为他买了电键、蜂鸣器和干电池等,还花十二个银元买了个矿石收音机和一副耳机。那时,一个普通职员每月薪水不过四到六元。李强来装了天线和地线,只能抄收徐家汇天文台长波的法文气象预报。

学校第一期学员五十名,1928 年 11 月开学,全是走读,上课在夜晚。来自交大的两位教授教无线电学基础知识,军用电台的报务员教收发报。1929 年 5 月结业后,经刘鹤年同意,张沈川留电台做实习生并搬入电台宿舍。同住的技工姓杨,向他学了换装发射天线、充蓄电池和装无线电收音机等技术。

晚上,有的报务员要出去玩,就叫张沈川代班收发报。刚开始,报务主任还监工,几次下来没差错,就让他独自代班。中共的第一名报务员,在国民党军的电台上起了班。趁深夜一人值班之机,他偷抄了两本军用电台的密电码交给组织。

到了夏天,黄埔军校电训班毕业的张健等三人来实习了。张沈川感到,自己被他们盯上了。果然,有一天上班见收报机上贴了张纸条:"昨天晚上谁值班?工作有错误。"

他想,昨晚是自己代班,值班本有记录;明摆着要找茬。于是,他向刘鹤年提出:现在实习人多,自己机会少;决定离开电台,另谋职业。7 月,张沈川走出了第六军用电台。

在张沈川进入上海无线电学校前,中共开始在莫斯科培训无线电通信技术人员。1928 年暑假前,在莫斯科中国共产主义劳动大学

（简称"劳大"）的上海嘉定人毛齐华，接过一份名单。"劳大"秘书长阿勃拉姆莫索要他这个"劳大"支部局组织委员通知方廷桢（方仲如）、陈昌浩、沈侃夫（陈宝礼）、李元杰、程祖怡连他自己一起去见他。

阿勃拉姆莫索对他们说："应中共代表团要求，由于中国革命的需要，并得到第三国际的支持；决定派你们去国际无线电训练班学习无线电通信技术。"他提醒："这是绝对保密的事，跟任何人都不能讲。你们白天照常在学校上课，晚上去学习。"

一位苏联同志带他们去报到。在路上，按事先约定是每人之间保持一段距离，不结伴而行，以免引人注目。走了两里多路，他们到达了国际无线电训练班驻地，接待他们的也是苏联同志。从此，他们每周两晚来学习，每次两小时，平时则还是在"劳大"学习和工作，其他同学根本不知道他们有这项秘密学习任务。

不久，学校放暑假。毛齐华在参观东方大学野营活动时，正逢周恩来到校向中国学生传达"六大"精神。吃饭时，周恩来对他说，"你们要抓紧学习，国内急需无线电通信。"

"短短的两句话，给我印象至深。"毛齐华一直记着未忘。

训练班由苏联老师教授，先"嘀嘀嗒"学收发报技术，规定了每分钟要完成的收抄数。暑假后，学习无线电基本原理、机器零件制作，还要去自动发射台和小工厂实习。老师特别强调要学会用简单工具制作电容器、变压器和线圈等无线电元件，以适应国内控制严、难以购买的环境。

1929年底，毛齐华他们离开了"劳大"，搬进了训练班的宿舍。此时，日后成为红四方面军总政委的陈昌浩中止学习，被调去做共青团工作，学员变为五人。从这年下半年起，训练班课程增加了骑马、开车、使用武器和掌握爆破技术等项目，还要学习英语。

自 1930 年起，实际应用项目增多。毛齐华和他的伙伴常带着自己制作的收发报机，乘火车到几十公里外的莫斯科郊外开练，与业余电台（CQ）通报。CQ是业余电台通信中没特定联络对象的普遍呼叫，一般呼叫一到三次："CQ。CQ。CQ。"听到呼叫的任何台都可回答，发出呼叫的逐个与应答台联络。毛齐华说："顺利时，一个晚上可和十几个西欧国家业余爱好者电台通报。"

1930 年初冬，毕业回国的毛齐华、方廷桢、沈侃夫、李元杰等四人到上海，按规定住进三马路一家旅馆。第二天，李强来了，与中共在苏联学习无线电通信的同志会师。

就当毛齐华他们在莫斯科学得热火朝天时，1929 年的上海，离开第六军用电台后的张沈川租了房，由组织购置了无线电器材。他说，"经过一番努力，总算按照李强绘制的线路图备样，制成了一台收报机。"

组织先调派留法海归的贺果（贺培真）与张沈川同住，学习报务（贺果后患耳病中止学习）。其后，发生了一场虚惊。8 月 25 日上午七点光景，两人听到楼梯传来一阵急促沉重的脚步声，透过板壁缝隙，只见三四位穿着便衣的特务正向房东要亭子间钥匙，那里住着中共中央军委委员颜昌颐。房东说，只有一把钥匙，在房客那里。侦探就搭起梯子，从窗户爬进亭子间，搜查了一个小时。他们下楼时，边走边回望前楼。张沈川他们顿时紧张起来，因为那里有收报机和无线电器材，屋顶上还装着天线。第二天，李强来了，说因叛徒白鑫出卖，颜昌颐与彭湃等人已于 24 日被捕，他们三人需要立刻搬家。

这时，中央从各地选调青年党员近十名到沪学习报务，由李强和张沈川负责教授。第一个学员是十八九岁的黄尚英，他虽在上海基督教青年会夜校学过，但缺乏实践。到1929年下半年，来学习的有王子纲、伍云甫、曾三、曾华伦等，还有刘光慧、赵荫祥和蒲秋潮等三位女同志。在白色恐怖下，他们不能像莫斯科那样办"国际无线电训练班"，而是采取分散居住、单线联系、登门教学的办法。在当时的上海，上门做家教司空见惯，不会引起敌人的怀疑。

　　李强当时化名张振声，张沈川化名沈哲。如曾三所说："李强和张沈川是我党无线电通信事业的'母机'，他们为党培训了很多无线电通信技术人员。"曾三同伍云甫同住，两人分用电键、蜂鸣器、干电池各一个，轮流学习发和收。两个月后，他们买了两副耳机和一台矿石收音机，可收听徐家汇天文台的气象报告。学了四五个月后，他们收抄能力为每分钟一百一十到一百二十字，达到了上机要求。

　　此时，广西形势大变。李宗仁等下台，李明瑞当了广西绥靖司令，与张沈川熟悉的李部政治部主任姜丕仁要他去桂，先接管国民革命军总司令部第四军用电台，再去省政府工作。周恩来同意了，第二天又通知不能去。"因为中央决定在上海建立无线电台。从这时起，李强和我就着手筹建我们党的第一座地下无线电台。"张沈川道出原委。

　　张沈川说："在1929年下半年，我们在大西路（今延安西路）福康里9号，租了一幢三层楼的石库门房子，作为电台的秘密台址。"周恩来介绍从苏联回来的北京女师大学生蒲秋潮住在这里。张沈川说："我们扮作假夫妻，衣着都比较讲究。楼下客厅陈设阔绰，俨然一个富裕家庭的样子。"10月，又搬来黄尚英。

为尽快掌握报务技术，张沈川安装了一个简易装置用于练习：一人在楼上，一人在楼下，天线架在三楼晒台和屋脊上，把电线藏入晾衣服的竹竿。夜深人静时，他们用气象预报作为收报练习，天亮后撤下来。

　　在加紧培训报务员的同时需要研制收发报机，它无处可买。李强说："研制电台是个新任务，我过去从来没接触过无线电，连收发报机是什么样也不知道。"李强儿子李延明补充道："周恩来说我父亲有这个条件，理工科成绩比较好。我父亲就接受了这个任务。"

　　以业余无线电爱好者的身份，李强到苏氏兄弟无线电器材公司买零件和参考书，该公司专营美国 RCA 无线电器材。参照《无线电杂志》上的线路图进行安装。李延明说父亲"设法混进上海亚美无线电公司，若无其事地在车间闲逛，眼睛却盯着工人的操作，就这样偷到了不少技术。当他试图进入专门生产发报机的大华无线电公司时，却被拒之门外。于是，他在公司找了个内线，借到了一台发报机，连夜将发报机的零件一个个拆下，然后画出草图。"

　　经过半年多研制，终于在 1929 年冬，李强等人成功自制了一台发报机。张沈川倍感自豪："机器虽然笨重，灵敏度不高，功率只有五十瓦。但这毕竟是靠我们自己摸索出来的党的第一台无线电通信设备，建立了中国共产党的第一座地下无线电台。"

　　张沈川用业余无线电台呼号呼叫："CQ。CQ。CQ。"得到了其他业余电台的回复，几次试下来，证明自造的机器能够通报。张沈川说："我们是何等的高兴呀！"

　　中国共产党的第一座地下电台运行了，李强负责机务，张沈川管报务。伴随着轻微的"嘀嘀嗒嗒"声，红色电波飞向上海的夜空，联系着四面八方。

从 1928 年 11 月张沈川学报务到李强试制成收发报机，在短短一年的时间里，他们就在一张白纸上描绘了中国共产党人的一个奇迹。那年，李强二十四岁，张沈川二十九岁。

在中国共产党的第一批报务人员中，日后不少人成为了党和军队无线电通信事业的骨干，成为新中国的栋梁。令人惋惜的是，最早离世的黄尚英于 1930 年不幸病故时，正值二十岁的青春年华。

让我们记住这些名字：李强，曾任外贸部副部长，中科院学部委员（后改称院士），1996 年逝世，享年九十一岁；张沈川，曾任全国政协委员，国家安全部特约咨询委员，1991 年逝世，享年九十二岁；毛齐华，曾任劳动部常务副部长、部党组副书记，1997年逝世，享年九十五岁；曾三，曾任中共中央办公厅副主任，1990年逝世，享年八十五岁；方仲如，曾任陕西省委书记、省政协主席，1983 年病逝，享年八十二岁；王子纲，曾任四机部副部长、邮电部部长，1994 年逝世，享年八十五岁；伍云甫，曾任卫生部副部长，1969 年逝世，享年六十五岁。

昔日的金城大戏院

【红·点】金城大戏院旧址（《义勇军进行曲》首次播放处） 北京东路 780 号 黄浦剧场
【红·片】中国饭店——周恩来发布《七月指示》所在地 贵州路 160 号
上海解放第一声 新新公司凯旋电台旧址 南京东路 720 号
永安公司绮云阁——上海解放南京路上第一面红旗升起处 南京东路 635 号
中共中央秘密印刷厂旧址 新昌路 99 号
中国青年新闻记者协会成立大会会址 山西南路 182—200 号

黄浦剧场的五出大戏

在剧场众多的黄浦区，黄浦剧场实在是不怎么起眼。它坐落于北京东路贵州路东北角，其貌不扬。剧场不大，占地仅 1.6 亩。1934年 2 月 1 日开张时，名曰金城大戏院，当时有座位 1780 个，现在则设有 1612 个座位。

有道是"山不在高，水不在深"。在 20 世纪，黄浦剧场上演了五出影响全国的大戏，这五出大戏在中国近代戏剧史和电影史上留下了浓墨重彩的一笔。

黄浦剧场的第一出大戏开启于1935年1月31日：中国舞台协会连续三天义演《回春之曲》。这是田汉创作的第一部抗日救亡剧，全剧三幕。

聂耳创作了剧中的四首插曲。其中，由王人美唱《春回来了》和《梅娘曲》，金焰唱《再会吧！南洋》，袁美云领唱《慰劳歌》。

这出戏引发社会强烈反响。徐悲鸿先生评价它"唤起同胞不要忘记国难而继续四年前之奋发精神"，并认为它是中国现代戏剧史上演员表演艺术"结束前期开启新时期的一个转折点"，它对导、演、灯、乐等提出新要求。（《中国现代戏剧史》）同一时期，在这里还演出了田汉的另一部作品《水银灯下》，这出独幕话剧表达的也是抗日救亡的主题。

上演第二出大戏的是上海业余剧人协会，演出剧目是《娜拉》《钦差大臣》，分别在1935年的6月和10月。此时距离第一出大戏的亮相，还不到半年的时间。

演出轰动了上海，比面上的轰动更显重要的一点是：它表明，中国共产党领导的"剧联"（中国左翼戏剧家联盟）旗下的业余剧人协会建立起了自己开展左翼戏剧的演剧阵地。

由于在1934年萧瑟秋风里，日益加剧的白色恐怖重创了上海的左翼戏剧，根据中共中央的文化工作委员会指示，剧联组织章泯、张庚和徐韬等沪上戏剧电影界著名人士，于1935年6月出面组建上海业余剧人协会。业余剧人协会采取"以剧场公演为主，突击演出为辅"策略，用隐蔽曲折的方式发展革命戏剧来冲破国民党反动当局的文化"围剿"，激发民众抗日救国热情，揭露旧社会的黑暗。同时，该协会也为话剧职业化奠定了基础，演员的重心从如何扮演角色转向如何正确和深刻地来解释角色，并开始实践"以正求反"

● 金城大戏院上映《风云儿女》时的广告

● 《渔光曲》热映时的金城大戏院

等表演手段。

除了演戏，黄浦剧场还放电影。20世纪80年代初，我在黄浦剧场看过《景颇姑娘》。实际上，早在此前的30年代，它就有了"国片之宫"的声誉。时人评论其环境设施等"沪上堪称首屈一指"，"堪与欧美最名贵之戏院相媲美"，称之为"电影之宫"。

想来是近水楼台先得月，建造剧场的国华影业公司经理柳中浩、柳中亮兄弟，使黄浦剧场成为联华新片首轮电影院，并获得明星、天一等影业公司的新片首映权。

在此首映的优秀国产影片有《人生》《渔光曲》和《风云儿女》等。其中，1935年5月24日，由许幸之执导，田汉、夏衍编剧的《风云儿女》首映，引出了黄浦剧场的第三出大戏：影片主题歌《义勇军进行曲》——后来成为中华人民共和国国歌，第一次在中国的公共空间回荡。缘此，剧场2009年被命名为"上海市爱国主义教育基地"。

在1935年5月24日的《申报》上整版刊登了金城大戏院的电影广告："今起在当时27家电影院中独家放映《风云儿女》。"该广告特别指出："这儿有雄伟的歌——是铁蹄下的反抗歌！悲壮、哀愁、轻松、明朗，使你喜，使你悲，使你感奋，使你知道对祖国的责任！这是初夏中国影坛上一阕胜利的凯歌！"

第二天的《申报》电影广告栏，以半版篇幅宣传金城大戏院"昨天客满"的《风云儿女》。同时，该报还友情提醒："电通歌唱队合唱之《义勇军进行曲》，已由百代公司灌成唱片出售"。

第四出大戏与《义勇军进行曲》的作曲者聂耳有关。

1935年8月16日上午9时30分，上海音乐界、电影界和戏剧界的进步人士冲破阻力，在此举行聂耳逝世追悼会。会标写着"追悼划时代的乐曲作者聂耳先生"，签到纸的右上为聂耳头像，其下为"魂兮归来"，中间写着"我们谨以至诚追悼我们的朋友　现中国划时代的乐曲作者聂耳先生"。

追悼会主席是明星公司经理周剑云，著名演员施超读祭文。会上，人们朗诵了田汉从南京寄来的悼诗，演唱了聂耳所作的电影插曲和其他音乐作品：有胡萍、王明霄合唱《飞花歌》；有金焰独唱的《大路歌》；因陈波儿人在外地，会上就以唱片播放了她唱的《毕业歌》。

那天，场内全部满座。周璇、王人美、任光 、吴永明、丁聪、艾思奇、张庚和黎锦光等名人到场；夏衍则冒险化装而来；居多的还是工人和普通市民。虽然场外已挂出"座满请回"的告示牌，但仍有不少人在外肃立悼念。

第五出大戏是首演淮剧《海港的早晨》，时间是 1964 年。

20 世纪 50 年代的上海，五分之一人口为苏北籍。1951 年，为满足他们看家乡戏淮剧的需求，上海市政府购买奥飞姆影院，改为沪西工人剧场。1957 年，为方便沪东、南、北及中区的淮剧观众，市府又将金城大戏院改为专演淮剧之地。

● 今日的黄浦剧场

1957 年年底，周恩来在友谊电影院观看筱文艳出演的淮剧《白蛇传》。筱文艳告诉总理，她为转型的金城大戏院想了新名，叫"淮光"。

总理说，这名与"坏光"音同不好。得知剧场在黄浦区，他就说："叫黄浦剧场好不好？上海是有光荣革命传统的城市，黄浦江是她的特征。"总理还为剧场亲笔题词"黄浦剧场"四字，作为对上海市人民淮剧团的奖励。

1958年2月16日春节，剧场以"黄浦"亮相，当天首演淮剧《水漫泗州》。

同样，也在这里首演的《海港的早晨》——后改为现代京剧《海港》——成为唯一反映现代城市和工人的样板戏。这出戏在这里连续演了两个多月，周恩来也到此观看。看过这戏的还有刘少奇、陈毅等领导。

《海港的早晨》编剧李晓民，在上海解放时参加了二十军六十师文工队，家父吴早文那时为师文工队的队长。李叔叔后转业到上海人民淮剧团，创作了这个著名的剧本。不幸的是，他在前些年故世。

在黄浦剧场上演的大戏远不止于此，譬如，还有1934年中国第一部在国际上获奖的影片《渔光曲》。我曾去象山石浦多次，那里是《渔光曲》剧组体验生活的地方，也是拍摄地。当地还保留了演职人员拍片期间住过的旅店，建了一个介绍电影的展览馆。

在1937年"八·一三"期间，位于公共租界北部边缘的这个剧场，改为了难民收容所，救援同胞。这一举措，实在是不亚于一场大戏的。

时间走到2017年3月，黄浦剧场在2016年新改建的平台已经亮相，从原先一个大剧场变成了两个小剧场——既能观影，又能看戏；既能满足观众的需要，又能为中小剧团提供舞台。

焕然一新的黄浦剧场，与黄浦地区的剧场群错位经营，交相辉映。一出新的大戏，就要开演了……

● 1919 年 5 月 7 日，上海各界约 2 万人在南市公共体育场举行国民大会，声援北京学生的爱国运动

【红·点】五四以来上海革命群众集会场所——南市公共体育场 大吉路 200 号
【红·片】火警钟楼和上海救火联合会旧址（上海工人第三次武装起义纪念地） 中华路 581 号
上海工人第三次武装起义发布命令地点 自忠路 361 号
上海书店遗址 人民路 1025 号

不熄的"革命烽火台"

　　说起"红房子"，上海人并不陌生。这里说的不是吃西餐的"红房子"，而是方斜路上生小囡的红房子妇产科医院。在"红房子"旁，还有一个名声更响的体育场，它是上海革命群众从五四运动到"八一三"淞沪抗战的集会场所，有"革命烽火台"之称。

　　开埠前的上海，只有演武场，没有体育场。晚清的上海城有三处演武场：南门外大演武场、九亩地北门内小演武场和小南门外校场。前两处在 1906 年（清光绪三十二年）和 1909 年（清宣统元年）

分别卖给了图书公司和兴市公司，而小南门外校场出售后则变为大南门外具有厅屋三间的演武所。演武场只供士兵使用，体育场则是面对社会和观众的。

1915年10月，江苏省公署要求上海筹办公共体育场，上海县知事沈宝昌委托县教育会落实。这年上任的上海县教育会会长吴馨亲力亲为，他在创办了上海第一所国人办的女子学校——务本女塾（今市二中学）后再创第一，创办上海第一个由国人建造的公共体育场。

吴馨租借西门外斜桥北堍的上海慈善团公地二十六亩，也就是今大林路、方斜路与大吉路交界一块三角形地皮，投资22260银元并自己带头捐出巨资。经一年半的建设，体育场于1917年3月30日开幕。定名为"上海公共体育场"，俗称"西门体育场"。上海华界无自己体育场的历史就此终结。

体育场有环三百五十米跑道的足球场、排球场一个、室内篮球场和网球场各两个、一座健身房和两座办公楼。除了乐群、共和、博爱等著名华人球队来此训练外，这里也成为市民进行体育运动和健身的主要场所。

1927年7月，随着上海特别市的成立，体育场更名为"上海市第一公共体育场"。翌年，又建大楼一幢，增设弹子房和乒乓球房等。体育场也在那年由私立改为市立，场名由此改为"上海市立第一公共体育场"。

这里点燃的第一把革命烽火是1919年声援五四运动，它被叶楚伧、邵力子主编的《民国日报》评为："此沪上民气发扬之第一次，诚未可轻视。"

那时，上海华界集会场所可不多，公共体育场成为集会首选；

而且它离租界不远，人们来往方便。五四运动爆发后的 5 月 7 日，上海各界两万多人在公共体育场召开国民大会。江苏省教育会副会长黄炎培被推为主席，他号召国民团结一致，共挽国家危亡。体育场内，"反帝""惩办卖国贼"和"要求释放被捕学生"的口号响彻云霄。"大会决定发出通电：要求参加巴黎和会的中国代表拒签和约、废除一切不平等条约；呼吁法国总理、美国总统、英国首相及各国代表主持公道，反对日本以山东问题要挟和会；期望各省议会、教育会、商会、各团体召开国民大会，发扬民气，共挽危亡。大会还决定致函南北和会代表和政府当局，一致对外。同时会上还提议，不用日本钞票，不卖洋货，与日本断绝商业关系。"（《上海青年志》）

会后举行声势浩大的示威游行，人们手执白布小旗，旗上写着："挽回国权""共讨国贼""抵抗强权"等。江苏省立第二师范学校学生钱翰柱的旗上写着"还我青岛"四字，是他弄破右手手指用自己的鲜血写成的。游行队伍走向外滩举行南北和会的前德国总会（今中山东一路 23 号中国银行）。因租界阻挠，遂改派代表去见北京政府总统徐世昌代表朱启钤和南方军政府主席岑春煊代表唐绍仪，并且提出：废除中日一切有损国权之条约，欧洲和会非青岛收回不能签字；惩办卖国贼段祺瑞、徐树铮、曹汝霖、章宗祥、陆宗舆；北京政府释放被捕学生。

第一把革命烽火的第二波出现在 5 月 26 日上午，上海六十一所公私中等以上学校两万五千名学子集聚公共体育场。在大会上，学生联合会会长何葆仁主持宣誓："吾人期合全国国民之能力，挽救危亡，死生以之，义不返顾。"宣誓后，人群沿中华路、民国路、小东门等游行后，再回体育场听京津学生代表演说。

事情起因为支持"五四"的北大校长蔡元培被迫辞职，北京各校掀起挽蔡斗争。为支援北京，5 月 12 日，上海学联通电教育部反对撤换蔡元培；但北京政府反其道而行之，在 15 日免去力图挽留蔡元培的教育总长傅增湘。19 日，北京学生举行总罢课；上海学联决定 22 日上海总罢课。江苏省教育会提出暂缓，由该会电请政府三日内答应请求，如不行再罢课。北京政府态度依旧，上海学联决定 26 日全市总罢课，"以要求政府，惩办卖国贼为唯一之职志"。

第一把革命烽火的第三波出现在 5 月 31 日，上海学联与各界在公共体育场追悼北大学生郭钦光烈士，到会学生一万多人。二十四岁的郭钦光身患肺病，他不顾同学劝阻，坚持参加"五四"游行，于 5 月 7 日去世。北京学生代表段锡朋、许德珩、陈宝锷、杨钟健、黄日葵等先后发言，介绍烈士生平事迹，希望上海学生奋勇前进，以救国家之危难，继承烈士遗志。会后，学生们分三队前往上海县商会、上海商业公团联合会和总商会，动员商界罢市。

第一把革命烽火的最后一波出现在 6 月 27 日，以学生为主的上海各界群众一万多人，再次在公共体育场集会，应邀出席的还有来自北京、天津、安徽、山东、吉林及留日学生代表。大会推何葆仁为临时主席。与会者一致反对在和约上签字，要求废除中日一切不平等条约，并通电出席巴黎和会中国专使和国内各群众团体。

从那时起，公共体育场风起云涌。自"五四"到 20 世纪 30 年代，这里革命烽火不断，越烧越旺。

1919 年 11 月 23 日，上海各界三万多人举行声讨日本制造"福州惨案"（即"台江事件"）。

1925 年 4 月 12 日，上海各界召开追悼孙中山先生大会。宋庆龄、何香凝、孙科等出席，何香凝、恽代英、向警予等发表演说。6 月 11 日，上海总工会和上海学生联合会召开被称为"悲壮激昂，为历来所无"的反帝大会，近十万人参加，通过十七宗交涉条件。6月30日，工商学联合会举行"五卅"死难烈士追悼大会，李立三、林钧任大会总指挥；到会二十万人臂缠黑纱，手拿"万众一心，坚持到底，务求最后胜利"的小旗。

1926年5月30日，在体育场召开上海市民五卅周年纪念大会。

1927年3月22日下午，体育场大门首扎彩牌楼，召开庆祝上海工人第三次武装起义胜利、欢迎北伐军大会；林钧主持。4月10日上午，南市工会联合会召开上海工人三次武装起义前后牺牲烈士追悼会；大会主席江元青指出："此乃我工友同志以献血与头颅换来。故今日之会，不是悲惨，实是哀荣。"4月12日中午，群众集会抗议"四一二反革命政变"，会后进发龙华请愿。

1928年5月9日，在全国教育联合会所定的"五·九国耻"纪念日上午，市学联会举行全市学生反日运动大会，十多万学生参加。

1931年，日寇制造"九一八"事变。9月26日，在此举行20万人抗日救国大会并发表宣言："当必泣血提戈，与日帝决一殊死战。宁为玉碎，不为瓦全。"11月1日，举行抗日救国大检阅和宣誓典礼，三千多义勇军宣誓："以忠勇诚毅之精神，从事抗日救国之工作，赴汤蹈火，决不敢辞。"

1932年1月10日，两千多名学生举行杨桐恒烈士追悼会，抗议国民党政府制造"珍珠桥惨案"。会后，学生们抬烈士灵柩游行并穿越租界。30日，上海工人召开抗日大会，揭露"一·二八"事变，支持十九路军抗战。

……

公共体育场成为上海人民反帝反封建和争取民主自由的平台，

赢得"革命烽火台"之誉。

最旺盛的一把烈火，燃烧在 1936 年 6 月 7 日，在公共体育场上演了有史以来最为壮观的一幕。这一幕也成为公共体育场上演的最后一出戏。

那天，上海民众歌咏会在公共体育场举行抗日救亡歌咏大会，国民党当局设法阻挠。在之前的 1920 年，原定在此举行的上海工人首次纪念五一国际劳动节——"世界劳动纪念大会"，也因淞沪警察厅先派大批军警驻占体育场未能如愿，只得改到虹口靶子场后荒地举行。斗智斗勇的高潮发生在 6 月 7 日的体育场：这里先举行一场足球赛，参加歌咏会的五千多名学生、工人和店员等，进场假装看球。等时间一到，他们就涌入足球场内，齐声高唱《救国进行曲》（即《义勇军进行曲》）、《大路歌》和《开路先锋》等抗日救亡歌曲。

成立于 1934 年 12 月的上海民众歌咏会，由基督教青年会全国协会学生干事刘良模创办，它是抗日救亡中成立最早、影响较大的抗日救亡歌咏组织。上海出现合唱这一歌唱形式是在开埠后，起于南洋公学、中西女塾等新式学堂。这气势如虹、声振寰宇的合唱，很快走出校园，为群众所喜爱。不知何时，人们把合唱叫作"歌咏"。歌咏在"五四"以来的中国尽显风流，此时成为抗日救亡的有力武器之一，推动了抗日救国运动的发展。

那天，刘良模（后为全国政协常委、上海市政协副主席）站在高高的凳子上指挥。当七百多人合唱《打回老家去》时，全场沸腾，就连现场来驱散群众的警察也不禁泪流满面。

据邹韬奋主编的《生活时报》写道："群众铁的长城般的队伍，随着响彻云霄的《救国进行曲》歌声，退出了公共体育场……"

歌声随着游行队伍，回荡在上海的大街小巷。

1937年"八·一三"淞沪会战，体育场遭日军炮击而变为废墟。在上海沦陷期，此地曾被作为日军营房、养马场和仓库，后被日军炸毁。抗战胜利后，体育场原址重建，改名上海市立体育场南市分场；先建了可容千余观众的木看台和办公平房，后重建三百五十米跑道田径场、足球场、篮球场及三千座位看台，逐渐恢复到以前的规模。

1949年，体育场由上海市人民政府接管，改名沪南体育场。在上海解放后第一座较大的综合性体育场虹口体育场建成前，上海的重大比赛都在此举办，如：解放后第一届运动会——1950年首届女子体育大会，华东区的足、篮、排球赛等。因全国足球甲、乙级联赛和全国青年足球赛等在此举行，体育场一时被人们称作"足球大世界"；直到1983年上海举办第五届全运会时，这里仍是足球赛的主要场地之一。

自1954年起，体育场的设施不断改善，功能显著提高。足球场有了灯光草坪，新建了武术房、田径房和健身房等场馆，安装了电子计时计分器等设施；看台也由木制变为钢筋水泥制并把座位扩展到了七千个。体育场在服务竞技体育的同时服务全民健身，建立了国家体锻标准测验站和拳操辅导站等。

1959年5月26日，体育场被列为上海市文物保护单位。1977年12月7日被列为上海市纪念地点，并重新被列为1959年5月26日之"五四运动以来，上海革命群众集会的重要场所"。1988年，体育场被列为上海市乙级革命文物保护单位和革命纪念地。

1997年，我来到沪南体育场采访，这里已为上海沪南体育活动中心。两年前，在原沪南体育场和斜桥游泳池原址建成了一个多功能多用途的体育场馆。

1997年10月，20世纪规模最大的全国综合性运动会——第八届全运会在沪举行，香港代表团首次参加。我到市委宣传部接受任务，制作一部纪录片《走向八运会》。八运会的羽毛球预赛和决赛正是在沪南体育活动中心举行的。

我的耳边，仿佛又响起那穿越时空的歌声，激昂而又雄壮。歌声，永远不会远去……

● 上海市民在中国人民银行上海市分行兑换金银

【红·点】上海红色第一行 中国人民银行华东区行 中山东一路 24 号
中国人民银行上海市分行 中山东一路 15 号
【红·片】上海保卫人民币指挥中枢华东局 瑞金二路 118 号
上海第一面五星红旗升旗处 汉口路 193 号
上海市人民英雄纪念塔 中山东一路 28 号（黄浦公园内）
上海人民保安队总指挥部旧址 中山东一路 13 号 410、412、413 室

1949 年，上海保卫人民币

　　1949 年 6 月，上海的解放行将满月。枪炮声早已远去，而不用枪炮的战斗却在新战场悄然开打。这场保卫人民币之战是在两条线上展开的：一条是打击假人民币，另一条则是以兑换金银和外币等来统一市场流通的币种。

　　1949 年 5 月 27 日，中国人民解放军解放上海全境，人民币也随之进入上海。在迄今所发行的五套人民币中，第一套的流通时间最短。据统计，全国 7.3 万个机构一百天收回全部货币流通量的 98%。照此推测，第一套人民币的最大发行量估计为 72 亿张。

那时，人民币肩负重任：既要清除国民党政府发行的各种货币和近百年在中国流通的外币和金银币，又要统一全国各解放区货币，以此在军事上支持解放战争，在经济上恢复建国初期的国民经济。

上海迎来人民币没几天，市场上就发现了假人民币。6 月中旬，在淮海路和四川路的一些商店内发现有人多次使用假人民币。16 日，在淮海路发现商人黎明、中南水果店老板平仲秋携大量连号新人民币抢购紧缺商品。经审问，假币来自周月英。

淞沪警备司令部在周家搜出印制假币机器二台、制版铜印四套、假币号码十六枚和印好的假人民币、中州币上千万元。据所获线索，又将承印假币的金山印刷厂厂主翁滋和、翁滋友和翁文清，照相师王兴贤和制版者林子道等，以及用假币收兑黄金、银元的倪槐庭和姚企范，利用职权受贿包庇的卢家湾公安分局留用便衣警士马伯均等二十余人捉拿归案。去徐州推销假币回沪的主犯艾中孚亦被抓捕。

1949 年 11 月 30 日，艾中孚等六名伪造人民币案主犯被判死刑，其他二十三名罪犯被判有期徒刑。

为了让上海市民免遭损失，中国人民银行上海市分行印制了人民币十七种票样，张贴于交通要道让市民观看识别。

据统计，全国有 21 家厂印制人民币。不但版式不同，且油墨也异，所用纸张更是五花八门，有国产和进口印钞纸、道林纸和毛边纸。在印制上，有石、胶、凸、凹印和凸凹、凸胶合印。印版基本为手工操作。在佳木斯印的 1000 元纸币上，甚至都没按规定在人民币背面印上"中国人民银行"字样。

●上海解放初期，市民观看正版人民币票样

1949 年 5 月 30 日，中国人民银行华东区行和上海分行同时宣告成立。华东区行在外滩中山东一路 24 号，上海分行在 15 号，后迁至 23 号原中国银行大楼。去兑换金银的人数，大大超过观看正版人民币票样的人数，可谓是人头攒动，摩肩接踵。

在上海解放的第二天，中国人民解放军上海市军事管制委员会以主任陈毅、副主任粟裕的名义，发出《关于使用人民币及限期禁用伪金圆券的规定》：自即日起，均以人民币为计算及清算本位。该《规定》宣布金圆券为非法货币，暂准在 6 月 5 日前流通，过期严禁使用。为顾及人民的困难，由中国人民银行上海市分行自 5 月 30 日起收兑金圆券，一开始以 10 万元兑人民币 1 元。到 6 月 5 日，七天就收兑 38.9 万亿元（一说 36 万亿元），占金圆券发行总量的 53%。

上海人是吃透了金圆券的苦头的。我曾读到一则轶事：曾任国民党财政部长的上海人王云五是币制改制方案提议人，推金圆券代法币。他在香港街头，被认出他的人吃了两记耳光。虽说受蒋介石之命，但新华社发布的四十三名战犯名单中，王云五也名列其中。

兑换金银和外币来统一市场流通币种的工作，开展得不如打击假币来得顺利。5月28日，人民币与银元兑换比为600∶1，到6月8日该兑换比成了2000∶1。银元猛涨刺激了物价飙升，特别是"两白（大米、面粉）一黑（煤炭）"和食油等生活必需品的价格上升了两到三倍。同时上升的还有银元贩子"银牛"的数量，仅在6月5到8日三天内，"银牛"贩子由两万翻了一倍。据说，有近三十万人在从事炒银元、金条和美元等业务。

那时，早上发出的人民币到晚上几乎全部收回，明令禁止在市场流通的银元、美元等外币仍为硬通货。被哄抬的金银价妨碍了人民币对市场的占领，不仅损害其权威，而且危及人民的生活和新生的人民政权。

6月3日，华东军区司令部公布《华东区外汇管理暂行办法》，规定外汇外币均须存入中国银行换成外汇存单或售予中国银行；除中国银行及指定银行外，任何人不得经营、买卖、保管或私下转让外汇。11日，中行以略低于黑市的价格收兑银元。两天后，中行又开始收兑美钞和港币。一周后，华东军区司令部又公布《华东区金银管理暂行办法》，规定金银收兑与出售由国家银行经营，允许人民持有，但不得用以计价行使与私下买卖。

金融乱象没有得到遏止，其恶根存在于汉口路422号上海证券大楼——当年远东最大的证券交易所所在地。

6月5日，银行根据上海市军事管制委员会指示命令证交所立即停业。《解放日报》发表社论《扰乱金融操纵银元的投机商赶快觉悟》，代表中共上海市委和全市人民发出警告。翌日，银行抛出银

●上海人民举行"反对银元投机，保障人民生活"大游行

元万枚平抑价格却无效果。其原因则是市民"一朝被蛇咬，十年怕井绳"，对国民党统治时的恶性通货膨胀和金圆券阴影还心有余悸，相信金银和外币。

6月10日，上海解放的第十五天。奉市军管会和市府之令，市公安局局长李士英率260多名便衣公安干部，加之华东警卫旅副旅长刘德胜所率的一营战士，包围证券大楼。把楼内2100多人集中于底层大厅，根据"惩办少数，宽大教育多数"原则，给予少部分人以严厉的经济制裁，涉及刑事的人员则交法院，大多数人陆续得到释放。

公安干警们在大楼内抄没黄金（含金饰）3642两、银元39747枚、美元62769元、港币1304元、人民币1545万多元。同时，黄浦、老闸和新成等公安分局也分头取缔本区银元投机活动，抄没黄金81两，银元4488枚，美元2720元。

打击震动了上海，波及了全国。第二天，每块银元价格就从

2000 元人民币跌到 1200 元，大米跌了一成左右，食油也跌价一成半。

至 1949 年 8 月初，公安机关共查处金银投机案件 2359 起，查没银元 12745 枚，黄金 119 两和美元 2505 元，并收罚金人民币 995 万多元。到 1949 年底，全市共收兑银元 108 万枚，并且收兑美钞 758 万元、港币 149 万元，吸收各种外汇外币存款有美钞 1242 万元、港币 572 万元和英镑 65 万镑。人民币终于成为上海市场唯一合法的货币。

较量黎明

● 上海人民保安队总指挥部旧址

【红·点】上海人民保安队总指挥部旧址　中山东一路 13 号 410、412、413 室
【红·片】中共上海市委联络机关福州路旧址　福州路 89 号
上海局策反委员会机关旧址　复兴中路 485 弄 11 号三楼

护厂，黎明前的决战

1949 年 5 月的上海春寒料峭，但暖意已在人们心底涌动。路旁的法国梧桐，绽露生机勃勃的绿芽。中国人民解放军 4 月 23 日占领国民政府首都南京，它距上海仅 300 公里左右。

刺耳的尖叫声不时响起于街头，被上海人叫作"飞行堡垒"的红色警车飞驰着，这是国民党上海市警察局用来镇压革命者的。车的装甲防弹，上架机枪，站着戴白钢盔的警察。

南阳路 145 号是国防部保密局上海办事处，刚从溪口见蒋介石回来的局长毛人凤正召开局务会。据第五处处长郭旭回忆，开会布置要在沪进行大劫掠和大屠杀，他的任务是"协助汤（京沪杭警备总司令汤恩伯）、陈（上海市代市长陈良）办理抢运物资的工作"。

几天后，毛人凤告诉郭旭，在汤恩伯召集的讨论抢运物资会议上，除了要抢运真金白银去台湾外，"机器设备、车辆、纸张及暖气设备等物资，都运往台湾"，"棉纱、布匹，大部分运往台湾，一部分运往香港"。

道高一尺，魔高一丈。当 1 月 10 日淮海战役结束时，中共中央上海局就发出《京沪一般形势的特点及当前的基本方针与我们具体工作》的要求："开展反遣散、反迁移、反裁员，保厂、保校、保业、保命等斗争。" 4 月 8 日，上海局又发《解放军渡江和我们的工作》一文，对完成里应外合解放上海和接管工作，进一步提出要求和任务。

根据上海局的指示，"在中共上海市委统一部署下，全市各企事业、机关大专院校中共组织开展反迁移、反破坏、护厂、护校斗争，以挫败国民党当局对重要工厂机关资财南迁和破坏的阴谋。"

黎明前的决战悄然开始。全市以"反破坏、反搬迁、反屠杀"

为口号，开展全市性的护厂（店）（校）斗争，配合解放军解放和接管城市。

决战在即，较量的准备早已启动。1947年，人民解放军在军事上由战略防御转入进攻。中共中央1月16日设立上海分局，5月6日改为上海局，"管辖长江流域、西南各省及平津一部分党的组织与工作，并于必要时指导香港分局。"

1948年秋天，解放战争进入夺取全国胜利的决定性阶段。上海局办班轮训上海、南京和西南等地负责干部，为迎接解放做充分准备。学习班设在香港西环七台之一的学士台，该区塘楼群中，住进了来自内地的中共地下党干部。

张祺到学习班是在11月中旬，他是中共上海市委委员、工委书记。同班学习的有九人，其中上海七人，南京二人。来自上海的是工委的张祺和陈公琪、职委的周炳坤和陆志仁、学委的吴学谦和吴康、教委的陈育辛。他们在港仍按地下工作规则行事，互不唤姓名，以学习班定下的编号相称；张祺是1号，他记得8号是陈育辛。

学习班为期两个月。张祺说："第一阶段是学习党中央和毛主席指示，检查'隐蔽精干、长期埋伏、积蓄力量、以待时机'十六字的贯彻执行情况，展开批评与自我批评，总结经验。""第二阶段是学习如何配合解放城市，如何接管城市的经验。当时讨论了华北和华东几个城市在接管中的经验教训。第三阶段是研究如何从组织上保证迎接解放这一任务的完成。"

刘晓到班讲课。他女儿刘松筠说父亲从沪赴港时，穿西装，戴铜盆帽，架副金丝边眼镜，公开身份为关勒铭金笔厂副总经理兼董事，扮成到港投资商人。他随身携带的《醒世恒言》，实际是本密码本。

来讲课的还有南方局书记方方、中共香港工委财经委书记许涤新等。

1949年1月，学习归来的张祺心里明确："我们的任务不是搞武装起义，而是要发动与组织群众，把工厂保护好，配合解放军进行接管。"

据张祺追忆，1949年1月，刘长胜向他传达党中央指示："人民解放军有绝对把握解放上海，上海市委必须广泛动员工人阶级，把他们组织起来，有计划地保护工厂、机器、原料、物质，反对国民党的屠杀、破坏，维持社会秩序，保障人民生命财产的安全。这是首要任务，亦是最好的里应外合。"

为了做好"最好的里应外合"，上海地下党进行组织架构的重大调整。经张承宗提议，上海局决定：考虑到解放过程中会有激烈巷战，城市将被分割，为便于指挥和独立作战，实行"条"改"块"。把原按产业职业的条线系统垂直领导，改为按地区的分区领导。除市政、交通、警察、文化、妇女系统党委和人民团体总党组由市委直接领导外，在全市建沪东、沪西、沪中、沪南、新静长、沪北、徐龙、北郊和浦东等九个区委，区委再按行政区和产业设分区委。

为迎接解放提供强大可靠的组织保证，上海市委按中央指示抓紧发展新党员。不仅在重要工厂和学校中发展，尤其注重填补无党员工厂、工厂关键技术部门和重要岗位等空白点，以利护厂。1946年底，上海只有党员五千人左右。到1949年解放前夕，全市有党员8665人，工人占40%。同时，上海局抓上海工人协会（工协）发展。市委成立以沈涵为书记的工协党组并建系统分党组，设工协工作机构。共建分会二十个，约有会员六千名。有的工厂的工协会员超过了党员。

除了工协，市委还在职协、教协和新青联等团体建立党组、分党组，使之成为以党员为核心的党的秘密外围组织。这些外围组织纳入未具备入党条件的积极分子，在党周围紧紧围绕起数万真心实意的积极分子。为更广泛动员和团结各界人士，市委在由九十多个团体组成的人民团体联合会建立张承宗直接领导的总党组，统一领导，开展上层统战等工作。

国民政府1949年元月提出"应变"，下令各地采取"应变措施"，除加强军事防务，主要是拆迁工厂，搬运物资，破坏设备。1月20日，上海市市长吴国桢发表"应变"讲话。中共上海市委接过"应变"口号，把它变为一有力的武器。以"应变"和国民党"长期固守上海"为由，在全市开展各业工人、银行职员、商店店员和学校教师等按要求备"应变米"、发"应变费"的群众活动，为备三个月的储粮存煤而斗争，为护厂和迎接解放作准备。

这一护厂斗争的前奏曲，起到了安定人心、保证人民生活的作用，有利于顺利接管和解放后的恢复生产。张祺总结道："这一斗争虽然在各个单位有不同的结果，但是有一点是成功的，就是使全市的工厂、企业、学校，乃至家家户户都储备了大约三个月的粮食、油、煤、酱菜。"他忘不了上海首任市长陈毅的表扬。"他说，我们解放军进城前很担心粮食问题，所以也作了些准备。想不到你们上海地下党工作做得这样细致周到，发动群众储粮，使我们进城后放下了心。"

护厂的插曲，莫过于警告信了。上海市委在全市大力开展迎解放的宣传攻势，寄发《约法八章》及对国民党军、政、警、宪、特的警告信。范才骏也收到一封这样的信，警告他认清形势，不得再与人民为敌，争取立功赎罪，落款是"你的一个朋友"。

范才骙是市参议员和国大代表，特务头子，为国民党上海总工会常委、市工人福利委员会（工福会）副主任委员兼沪东办事处主任。1946 年撤办事处后，他任上海棉纺业领导小组召集人。工福会是国民党上海市党部市总工会整理委员会对外称谓，"实际上专事破坏工人运动，在工人中进行特务活动"（《上海工运志》）。工福会和其所属的护工队是国民党破坏、镇压上海工运的主要力量，1949 年范又参与"配合保卫上海军事上需要"组建的京沪杭警备司令部工运委员会。叫范才骙惊恐的不仅是信的内容，而且是信寄到了他小老婆家这个事实，因为这个住址是秘密的。通过攻心法，使他们有所收敛和顾忌，不敢公开对抗，这就减少了工人们护厂的压力。有的厂里的特务甚至连上头召集开会都不敢去。

"机器是工人的命根子"，"保住工厂才能保住饭碗"。地下党提出的口号直抵人心，把护厂（店）（校）同人们切身利益紧密结合，进行有理、有利、有节的斗争，这得到了广大人民的热烈响应，化为了大家的自觉行动。

首先是不让国民党军进厂。纺织厂以女工多不方便为由。若阻挡不了，就要对进厂驻军做工作，警告不要破坏机器，不要顽固到底。不是护厂队的工人也积极参加，壮大了护厂力量。大百货公司征得资方同意，让职员及家属居住，以防

● "人民保安队"和"人民宣传队"布质臂章

被军队占为据点。其他行业也采取各种办法抵制国民党搬迁物资、设备和技术资料等，并制止破坏活动。

1949年3月，市委工委以"工协"名义发出《工协纠察队总部通知》，要求各工厂建工人纠察队。为不让敌人觉察是地下党所为，各厂护厂队伍无统一名称，有叫护厂队或纠察队，有称巡查队或消防队。到1949年4月渡江战役前，市委将这些护厂队统编为"上海人民团体联合会上海人民保安队（六万人）"和"上海人民团体联合会人民宣传队"（四万人），设市、区两级指挥部；印制白底红字布臂章，规定在解放市区战斗打响后才佩戴。张承宗的儿子张亚圣说："工人组成的人民保安队将第一次大革命时期用的枪都取出来，用油擦好后背在身上。"

护厂队还通过写信、上门拜访等方式，教育并争取资方、高管的支持，建立保护企业、维持生产、反对国民党的利益共同体。因为工厂也是他们的命根子，永安公司总经理、上海铁路局代局长、申新九厂厂长及法电法籍总管等都配合共同保厂。

中纺公司是上海最大的官僚资本企业，国民党要其提供二十五万匹棉布和大量资金，总经理顾毓泉予以抵制，并要各厂厂长协同护厂队不让成品出厂。4月下旬，国民党军联勤总部十五辆大卡车到中纺十二厂，准备强行运走厂里布匹。人民保安队带工人堵大门围卡车，让它空车而回。第二天晚又来偷运也没得逞。进城后的解放军，向厂人民保安队赠送"护厂英雄"锦旗。中纺积存的四百万美元外汇保住了，在沪三十八个工厂及其他单位都完好保存。资源委员会、中央银行、中央信托局、交通部、国防部等在沪机构的财产物资也基本被保护了下来。

护厂的同时还要着眼将来。市委布置收集各系统重要机关人员、资财等情况，要求各护厂队调查本企业人员、设备、经营及敌特组织、驻军装备等，整理汇编成《上海概况》等三十册，为解放和接管城市做好扎实准备。

4月26日，蒋介石到上海部署防务。据参会的国民党第三十七军参谋长刘剑石、第八十八军三一三师副师长邹彬等人回忆，蒋介石连续三批召见团以上军官。在29日，蒋又令汤恩伯"死守（上海）六个月至一年，就是将整个上海在战火中毁灭，也在所不惜"。

上海进入最紧张的时刻。为粉碎国民党妄图使上海变成死城废城的阴谋，护厂斗争升级为护城斗争；重点是控制城市关键部门，保证城市正常运营。电力、煤气、自来水公司和法电、英电、公交公司职工组织护厂队、抢修队、运输队等日夜守护，并由专人负责要害部门。电讯局、无线电台、电话公司等职工保线路畅通和机器安全，金融业职工保行产保金库，江海关职工武装护关，邮局职工坚守库房等重要部门。

杨树浦发电厂工人三班二十四小时在岗，保证电力供应。临解放时，国民党交警大队进厂，在五号炉屋顶架起机关炮，企图封锁黄浦江。地下党员李志耕利用护工队大队长身份告诫敌连长：楼下就是远东最大高压锅炉，如中炮弹，包括屋顶上的人，方圆几里都完蛋。他的这番话吓得敌人赶忙撤走了。

要奋斗总会有牺牲。5月21日，军警包围第一印染厂第二工场，逮捕十九名工协会员，秘密杀害了共产党员、厂工协负责人孙方璟和会员张如嵩、李阶平。黎明前倒下的还有王孝和、穆汉祥、史霄雯……

5月12日，我军发起上海战役。22日，解放军肃清上海外围，翌日，总攻市区。汤恩伯连下三道手令炸毁苏州河桥梁等建筑物。25日凌晨，我军占领苏州河以南。27日拂晓，解放军二十三军占领京沪杭警备司令部；下午，上海全境解放。整个战役战斗激烈，但全市水、电、煤气不断，电话畅通；商店大多营业，工厂大多生产。当沪南沪西一解放，法电人民保安队就开出公共汽车电车恢复公交。

在上海市委领导下，上海工人团结各界，使国民党政府迁厂和毁城计划落空，使上海完整地回到人民手中。正如经毛主席改定的新华社社论《祝上海解放》所说："上海革命力量和全国的革命力量相配合，这就造成了上海的解放。"

1949年5月31日，《解放日报》刊登的中共中央《贺电》指出："上海各界人民积极与我军合作，使蒋匪破坏计划大部失败，全市秩序迅速恢复。中国共产党中央委员会特向上海前线人民解放军、上海的中国共产党地方组织和上海全市的人民致以热烈的祝贺。"

【红·点】中国银行大楼 中山东一路 23 号
【红·片】上海红色第一行 中国人民银行华东区行 中山东一路 24 号
中国人民银行上海市分行 中山东一路 15 号
上海市人民英雄纪念塔 中山东一路 28 号（黄浦公园内）
上海人民保安队总指挥部旧址 中山东一路 13 号 410、412、413 室
上海第一面五星红旗升旗处 汉口路 193 号

外滩银行，迎接曙光的战斗

1948 年 3 月 13 日，外滩中国银行大楼，其门牌在三年前改为中山东一路 23 号，这路原叫黄浦滩路，俗称外滩路。

五楼饭厅。吃完午饭的人没走，看了张贴的通知：饭后勿走，行方要通告营救 8 日被捕职工情况。上午，被捕职工家属来行控诉，引发了罢工。

饭厅静了下来。七十六岁的总经理宋汉章被搀扶着来了，麦克风传出他的余姚口音："自己年纪这么大了，向来不去求他人。今天为了营救，东奔西走，跑了一个上午。"

宋汉章是银行业泰斗级人物。中国人办的第一家银行中国通商银行一成立，他就加入了，旋任大清银行储蓄银行经理、上海分行经理。辛亥革命后，南京临时政府批准大清银行改为"中国银行"，他任中行上海分行首任经理，并任上海银行公会首任会长。

余姚口音在继续，宋汉章往上抬了下眼镜："这次拘捕三位同人是治安当局的意思，行方并没有穿插意见。现在，因为市长到杭州去了，别人不解决问题，所以，今天还不能马上保释出来。大家先恢复工作，我保证日内就可把他们保释出来。"

随后是上海分行代经理讲话，他半哀求半发誓地说道："只要你们下午办公，我本人可以立刻跪在诸位面前。我保证马上去把他们保释出来。做不到，我可以代替三位同人去坐牢。"

这是上海地下党领导的"六联"成立后，银行职工在曙光来临前与反动政府最为激烈的一场较量。

1946 年 3 月 3 日，在爱多亚路（今延安东路）浦东同乡会大礼堂，"上海市四行两局员工联谊会"（简称"六联"）成立。成员来自国民政府的国家金融主体"四行二局"，即中央、中国、交通、中国农民四行及中央信托、邮政储金汇业二局。在二十五位干事和九名监事中，金融党委有四位中共地下党员位列其中，他们成为上海地下党职委（职员运动委员会）和金委领导的公开群众团体插在国民政府金融命脉上的一把刀。

"六联"是在斗争中诞生的。1945 年 9 月，地下党领导了中国银行和交通银行的"反歧视、反甄审"斗争。抗战时留沪的两行职工被视为"伪员"，每月不发工资，只拿重庆来人三分之一的生活维持费。留沪人员要求承认他们为正式职工并承认他们在上海工作的资历，取消生活维持费而给予正式合理待遇。斗争先从集体借支和联合签名开始，后采取代表谈判、包围接收大员等方式，还利用了官僚资本与江浙财团及官僚资本的内部矛盾。两个月后，中国银行副总经理贝祖诒（贝聿铭祖父）来沪宣布将满足职工所提要求。同时，交行的斗争也获得胜利。随后，中行、交行与央行三行职工又取得留沪人员与重庆来沪人员同等待遇斗争的胜利。

直接催生"六联"的事件是1946年"二·一六"罢工。地下党职委通过各行党支部发起斗争，于2月16日上午九点举行两小时"怠工"行动。中行与交行两家营业厅停业，同时，央行、农行、中信也停工，没加入"怠工"行动的邮政储金汇业局则积极声援。罢工造成金融市场和经济混乱，打击了官僚资本。中行、交行职工代表与行方的谈判当天无果。翌日下午，市长、警察局长和社会局长与行方开会至晚上九点，最后行方接受了要求。

在罢工胜利第二天，"四行二局员工联谊会"筹备会成立。行方见状阻扰：一不让六家行局联合，要各自分开建会；二要把同一行局的职工与工友分开建会。但这两项阻扰都未得逞。到月底，报名参加"六联"的达1950人。

据全国金融最高权力机构四联总处统计：中行上海分行的业务，居中行、交行、农行、中央信托局及邮政储金汇业局等沪上五行局之先。除央行外，中行已成官僚资本金融的重要支柱，其上海分行则是重中之重。一场风暴，在这里悄然生成。

国民党1946年发动内战，60%财政收入用于不断增长的军费，1947年财政赤字升至400000亿元。财政部部长王云五承认："公库收入仅及支出的5%。物价飞涨，支出庞大，全靠发行新票支持。"

在那年 4 月，法币发行总额就攀至 16 万亿元以上。

货币急剧贬值，物价飞涨，国民党政府却在 9 月要求削减行局职工待遇：先减少除邮政储金汇业局之外"四行一局"的职工米贴，职员减少七斗八升，工友减少三斗四升。"四行一局"职工联合签名抗议无果，决定开展"饿工斗争"。

9 月 26 日上午，《绝食抗议宣言》出现在"四行一局"每张办公桌上。午饭时间到了，"四行一局"八千多名职工不去吃饭，静坐于工作场所内。邮政储金汇业局、私营银行和钱庄等职工送来食品，慰问支援。京杭等地行局职工来电声援，南京的中行、交行于次日中午绝食以支持上海兄弟。

上海的中外报纸纷纷报道国家行局的"饿工斗争"，由此引发全行业"饿工"浪潮。四联总处被迫答应先借支一个月薪津，但削减米贴的问题仍未解决，较量继续。

10 月的"六联"会报《联讯》，刊登抗战以来《上海历年物价总指数比较表》《职工生活指数比较表》和《抗战胜利后四行两局职工薪津数字统计表》等。数据表明：9 月物价比抗战前上涨 67500 倍，生活指数上升 34000 倍；职工薪津与物价上涨幅度相比差距两倍半，职工六口之家的开支 8 月比 5 月增一倍多……

对手也在行动：一是建立团体以对抗团体，选择"六联"中国民党势力大的央行和中信局，由国民党金融区党部成立"中央银行同人福利协进会"，出会刊《福讯》对抗《联讯》；二是以调职来削弱我方力量，把"六联"理事周耀瑾（地下党中行支部书记）从中心部门调至南市办事处。

1948 年 2 月，四联总处又下令削减"四行一局"职工"实物配售差额金"，每人 1 石。据《联讯》刊发《所得测量站》：1947 年

12 月底，物价指数已达 155000 倍，职工实际工资已降至二三十元。

斗争从"饿工"发展到"等工"。"六联"在交行地下室召开紧急会议，再次发动行局职工联名签呈，提出三项要求：1. 每月发实物：职员米 1 石，工友 4 斗；2. 生活指数按月调整；3. 发放员工子女教育费。

在该三项要求遭拒绝后，"六联"决定 3 月 8 日星期一晚进行"等工斗争"：在行内集体坐等两小时，如行方不答应就顺至翌日。但为了"事先扩大宣传，争取社会同情"，"六联"过早向报纸发了消息，这就给了当局应对的机会。3 月 8 日上午，上海各报报道："四行一局职工将在 3 月 8 日下班后等工两小时。"

傍晚来的晚报发出了官方恐吓："要大家安分守己"，"不要以身试法"。随即，警察到中行逮捕"六联"理事会副主席刘善长（中共金融党委委员、行局党总支书记）、理事周耀瑾和《联讯》信箱管理员张松池，威胁再闹事"被捕的人不能出来了"，并以欺骗等手段破坏其他行局的斗争和声援。另一方面，当局散布"让行里想办法"的信息以转移视线。

林苟步这位银行老法师说："为营救被捕的同志，'六联'领导成员，先后在中国银行职工宿舍和交行地下室共商营救大计。"

中共职委委员兼金融党委书记杨世仪直接同中行支部沈镛、吴育英等联系，调整部署：一，在中行发动要求释放被捕职工的签名，并向宋汉章提出诉求，以"老沪行"传统打感情牌；二，派党员和积极分子到拘留所探望被捕职工，秘密传递消息；三，由被捕者家属出面申诉，以此发动进一步斗争和营救。

五天后，周耀瑾和张松池的母亲、刘善长家属走进了中行营业大厅。叶子圣说："家属向大家哭诉了，要求释放。他们一哭诉，大家心里很郁闷。"同在现场的杨国凯又道："柜台外面排队，排着好多人，我们大家坐那不动。"

这时，周耀瑾母亲突然晕倒，大家走出柜台相救。一时间，职工的愤恨点燃，罢工爆发。党员和积极分子紧急磋商，半小时后决定：大部分人陪家属去宋汉章办公室控诉，要他出面保释，其他人则在营业大厅坚持罢工。

罢工消息传到交行等行局，即现停工状态。事态迅速发酵，由于1号交换员中行缺席，加之交行交换员的呼吁得到响应，票据交换所停摆，这"引起金融股票市场很大波动。国民党当局不得不释放被捕者"（《上海工运志》）。

罢工胜利后，敌方视"六联"为眼中钉。1948年3月22日，警察局借口"六联"未登记属非法组织要予以取缔。"六联"发动签名运动，向社会局两次申请登记遭拒，警察局勒令解散。6月4日，上海市市长催社会局、警察局迅速解散"六联"。9月下旬，以"总统府"名义下令取缔"六联"，限9月底解散。按上级指示避免硬拼损失，保存力量，29日，"六联"理监事发表《告会员书》，宣布集体辞职，停止活动。

1949年1月，一则噩耗传到了外滩。当月27日，超载的"太平号"赴台，上载央行会计处、理事会和监事会等文卷账册1317箱。行至在舟山海面，与同样摸黑航行的"建元号"相撞，两船沉没。"太平号"三十八人获救，近千人遇难；"建元号"七十二名船员身亡。

地下党即时提出"反迁移、反逃跑"斗争，通过开追悼会、捐集抚恤金救济家属等活动进行广泛宣传，发动"四行二局"职工抵制库存物资和案卷迁移，抓住总机、门卫等要害部门大权，还掌握了交行存放枪支弹药的库房。农行党支部派人说服代总经理，留下该行在沪资金和物资。

1949 年 2 月 18 日，中行地下党成立继"六联"后的公开合法组织——"中国银行员工应变互助会"。九位常务理事中，有五名地下党员。该组织为迎解放积极准备各种档案：中行资产、重要放款对象、投资和欠款单位等，中行大楼平面详图，各部人员政治身份、历史表现及工作能力等。它还把住在敌筑工事地段的职工及家属安置到大桥大楼宿舍和各仓库内，既解决住宿安全问题又加强了守卫力量。此外，它还监视行方行动，不准转移资产和档案等，反对把库存金银移交央行。地下党员和积极分子成立若干小组，分别负责房产、水电和会计账册库房等保卫工作；叶子圣负责文书档案库房，"每天收文后，就立即编号，这样可以防止有人抽走文件销毁"。

此时，上海地下党调整组织架构：把原按产业职业的条线垂直领导改为按地区领导，取消职委，其所属的金融党委划归中共上海局官僚资本企业接管准备工作委员会和市政机关接管准备工作组领导。

1949 年 4 月 23 日，国民政府首都南京解放。以"四行二局"为主的金融业职工提出"保护行产，保护金库"，防止破坏，反对搬迁，迎接解放。

中共银钱业分区委利用《银钱报》宣传"约法八章"和党的经济政策。银钱业人民保安队，除保护银行库存金银、账册和案卷外，还负责中正东路（今延安东路）以北、苏州河以南、外滩以西、福建中路以东一带金融业集中地区的保安任务。

5 月 23 日，我军总攻市区，我 27 军在外滩一线展开激战。

清晨的外滩，中行大楼顶上，两幅长三十米的大标语如瀑布般垂下："庆祝大上海解放"，"欢迎中国人民解放军"。标语写在整匹白布上，书写者是叶子圣："大概地下党准备好，拿出两匹白布，每一匹白布三十米长，当天就是要写两条标语。"

27 日下午，上海全境解放。金融系统 163 位地下党员出色完成了任务。当天，军代表龚饮冰（后为中行总经理）、冀朝鼎（后为中行副总经理）和洒海秋就来到了中行。同去接管的还有原中行地下党员、后赴解放区的项克方（后为中行上海分行经理），以及"三·八"事件中被捕的刘善长和周耀瑾。

中行常务董事程慕灏（作家程乃珊祖父）为旧中行交接代表。程乃珊说祖父回顾两次交接中行的对比："一次是抗战胜利后，作为滞沪留守向重庆接收大员交接；一次是解放了，向人民政府军代表交接；前者的感觉是屈辱恐慌的，后者却是平等无憾的。"

5 月 30 日，"中国人民解放军华东军政委员会财政经济接管委员会金融处奉令开始接管国民政府所属官僚资本的中央银行、中国银行、交通银行、中国农民银行、中央信托局、邮政储金汇业局、中央合作金库、上海市银行以及其他官僚资本的省、市、县银行与官商合办银行。"（《上海金融志》）

在央行，接管委员会得到了地下党员和职工联谊会骨干组成的"职工协助接管小组"协助。在交行，军代表依靠交行中共支部，建立"交行职工协助接管委员会"。而农行则被政府接管清理。此外，中央信托局、邮政储金汇业局和中央合作金库这三家金融机构，经接管清理即予撤销。

30 日，上海红色第一行诞生：中国人民银行华东区行和上海分行成立，华东区行入驻原横滨正金银行的中山东一路 24 号，上海市分行所在的中山东一路 15 号则为原中央银行所在地。

江南造船厂工人革命斗争地旧址

【红·点】江南制造总局（江南造船厂）旧址 高雄路 2 号
【红·片】上海人民保安队总指挥部旧址 中山东一路 13 号 410、412、413 室
半淞园新民学会会议处遗址 望达路以东、花园港路以西、南邻黄浦江、北靠半淞园路
打响上海中学生抗日救亡运动的第一炮 上海市立清心中学旧址 陆家浜路 597 号
敬业中学校史陈列馆 蓬莱路 345 号

浦江东去唱英雄

　　《中国人民解放军上海军事管制委员会接管江南造船所命令一九四九年五月廿八日 接管字第壹号令》中写道："查海军江南造船所（今江南造船厂）为国民党反动统治机关，兹任命张元培、王秀芬为本会接收海军江南造船所军代表，代表本会前往办理接管事宜……"

　　这是上海解放的第二天市军管会主任陈毅、副主任粟裕签署的"接管第一号令"。当时的上海造船业，有船厂九家，其中官办四家、民办二家、外资三家，职工 6137 人。

滚滚东去的黄浦江，歌唱着黎明前造船人一场场难忘的战斗。

在党领导下，上海造船业开展护厂迎解放的斗争。1947年3月，江南所举行文庙罢工，与武装警察和驻厂海军警卫营对峙一天一夜后获胜："星期津贴"半工改一工，发婚丧生育补助费和退休金。

6月25日，江南造船所以修船经费有难为借口，一次开除265名工人，6月里连裁309人。所地下党请示工委后，提出"反调班、反裁员、要求复工"等要求，通过工人福利委员会（以下简称"工福会"）出面组织斗争。

江南造船所的工福会实是行政部门，因江南造船所是军工，与市总工会无联系，其三分之二以上常委和执委为地下党员和党的积极分子，负责日常领导的常委也是党员。他们召开全体工人大会，成立有被裁工人参加的"行动委员会"（以下简称"行委会"），用厂食堂大米开大锅饭解决被裁工人生活。行委会向报社呼吁，向市总工会、社会局和海军驻上海基地司令部请愿。

7月1日，全体被裁工人绝食抗议，在职工人捐款互助。翌日，《时代日报》报道后，全市工人接工委通知纷纷支援，写慰问信，运来大批食品和日用品，四区机器工会用卡车装来面包和慰问品。5日，李培坤连夜起草《江南造船所被裁工人告各界同胞书》，并于第二天散发。

工福会再次召开全所工人大会，决定在7日国民政府于江南所举行接收日舰典礼时，发动大游行。6日晚，被裁工人在市区张贴标语，其中十五人被老闸分局拘捕。7日上午，江南造船所三千多名工人拦住参加典礼的政府官员和海军要人的轿车，高呼口号，向车里塞入《告各界同胞书》。工人们冲破禁令出厂游行，一路喊口号发传单，经过岗亭全开绿灯。队伍未到贵州路老闸分局，十五名工人已被释放，遂在警局门口放鞭炮庆祝。

行委会组成六人请愿团，在地下党员带领下赴南京请愿，参政会秘书长邵力子答应转交。9日，请愿团向行政院、国防部、海军部、社会部等请愿。13日，请愿团在宁召开记者会。在沪的江南所在职工人开展大规模捐献，并于14日十点至十二点全所怠工声援。南京政府口头同意，实际却拖延不答。行委会指示请愿团向行政院等发出最后通牒，当局终于接受，海军答应所欠修船费用分期拨还并另拨购材料经费，被裁工人8月9日起陆续复工。历时四十四天的斗争取得胜利。工人们说："这叫做胡桃里的肉，不敲不出来。"

自1946年后，各厂实行与"生活指数"相结合的、以元（法币）为底薪的工资制度。江南造船所的三等技工每月收入在1949年4月连三斗米也买不到，无法维持最低限度的生活。从1948年1至6月，江南造船所工人们通过怠工、"坐草地"（静坐于江南造船所办公厅前的草地上）等斗争，先后两次争得每人每天四角五分的底薪津贴。一次又一次的斗争使工人明白：只有在党的领导下，工人运动才有前途。

江南造船所是全国规模最大、设备较全的造船和军工企业，为上海护厂斗争的重要战场。1949年初，海军总司令桂永清多次到江南策划搬运、疏散和破坏等活动。4月29日，他又派海军陆战队第2师师长周雨寰带兵进驻督导。当局把疏散、搬迁和破坏的重点放在军工厂和官僚资本企业，无法运走的财物就予以毁掉。

1949年2月，中共沪南区委成立，区委派金尔音为江南所支部书记，并将由外厂发展而现处江南所的党员划归江南所支部，派李德宏到江南所建立党外围组织工协。4月，工委海陆空委员会在江南所建党支部，书记为李嗣尧，5月划归沪南区委。

区委和江南所领导靠近江南造船所指导工作。胡沛然、戚原、金尔音等住在制造局路、今市九医院对面一小阁楼内。章书华、李培坤等住在肇周路一小阁楼内。两处相距不远，人员出门几分钟就可汇合。

胡沛然提出，护厂的中心是"三反斗争"：反疏散、反搬运、反破坏。他布置了江南造船所党支部的主要工作：一是对江南造船所设备物资进行全面调查；二是江南造船所要回到人民手里，大家要抓紧学习企业管理。

在金尔音所在的党支部，副书记章书华起草调查提纲，要求调查细致，连一把算盘都不能漏。党员多方活动，搞到了设备物资情况，拿到了平面布置图、组织系统和人员配备等资料。李嗣尧所在的党支部对设计、生产处和船体、外钳、轮机等部门人数、架构、设备及各级军政工程技术人员概况等写成调查报告。此外，江南造船所党组织还收集整理了国民党海军江防舰艇技术等资料。

为有利于"三反斗争"，工福会主任叶宝琦组成护厂队，两周就有一千多人参加。警务室要工福会交出护厂队名单并禁止活动；党支部转移名单，说是工人自发组织没名单。海军陆战队进驻后，护厂队转为秘密活动。

"三反斗争"在江南造船所展开了。首先看"反疏散"。南京解放两天后，桂永清手谕马德骥："江南造船所一时不需要及贵重材料首先疏散，以免招致意外损失，并派得力人员至基隆准备设立分厂。"江南造船所贴出布告："本所因受战祸影响，营业不能开展，范围必将缩小，而台湾基隆造船厂正在发展，需要大量技术优良之

●桂永清给马德骥的手谕

工匠，工薪优厚，愿去者可向考工课办理手续。"愿者发二十六枚银元安家费，被告知搬运和疏散是暂时的，不久就能回来。

党组织针锋相对。党员、工协会员和积极分子全所散发传单，宣传党的政策和解放军的胜利，揭穿国民党的欺骗：现在在上海都吃不饱，到台湾孤岛更无前途。丁老五父子三人领了七十八元，金龙山上门七八次劝说。临上船前一天，丁家全家最终决定留沪。不少领银元的人躲藏起来，工人们表示：用铁链来拴也不走！此举令敌方疏散一千多人去台计划很快挫败了。

"反搬运"。有大小机床一百多台的轮机车间是反搬运的重点。敌人一催再催，工人一拖再拖。在党员冷洪模、黄家祥和朱学祥等带领下，工人们将锚链、三角架和轧头盘等与机床无关的附备件装箱，并标上"贵重机器、小心轻放"，里面却无机床。工人还将机床底脚螺丝敲毛，使之无法拆卸。一百多台机床全被保存了下来，已装箱的也没被运走。车间匠工沈信昌连续一周加夜班，将六千把车刀和三千把锉刀藏在废铁堆和破旧箱内。在船体车间，周明法分藏一百多台电焊机，保住了总数之90%。工具管理员刘建敏发动卓耀南等人，在两天内将自动割刀等两千多件工具隐藏起来，还保护了八百多块电焊面罩玻璃和风焊用品银丝银片七十多磅。

搬运靠人。地下党在工人中宣传：我们是做工的，不是做搬运的。金龙山到材料库领班王春来家鼓动他离开，使搬运无法组织起来。装船的材料库工人，凌乱地堆放大铁锚、办公桌和公文箱等大件，使载重三千吨的"江运号"，装了一千多吨"杂物"就满了。

吊车司机拒绝进厂，十台起重机全停。敌人通过"黄牛"厂外招工，一天银元一枚。后发现"黄牛"每块银元克扣三五角，金龙山到东大门揭露，提醒外来工人不要上当。党支部写大幅海报警告"黄牛"雇佣工人，因招不到搬运工人，敌人只得叫海军士兵搬运。

●江南造船厂被破坏的厂房

"反破坏"。三座船坞是敌方破坏的重点。工人趁放水养坞时将水放满船坞，放满水就无法埋炸药。在配电工、内燃机工配合下，敌人无法发电抽水，最后只炸了露出水面的船坞闸门。此外，当敌人在车间置放的炸药旁埋上十二桶汽油时，工人们将汽油换成了自来水。

　　总方棚间（总变电间）是江南造船所的心脏。共产党员、电工龚锡生对陆战队军官说："这里出毛病，全所电灯不亮，全所电话就都不通。"电话是敌人对外联系的命根子，以此威胁才能保方棚间。军官走后，工程师对龚锡生说："万一军官知道电话和方棚间的电是两码事，你就没命啦。"

　　地下党还在"三反斗争"中主动出击。十三艘舰船在修，当局催工；工人边磨洋工边以扩大修理范围为由来拖延时间。5月14日，工福会常委、地下党员王惠康和朱根基被捕，但这没吓住大家。后来，连十三艘船的工程师都不进厂。最后敌人只拖走了三四艘。工人还以抢修军舰为借口反搬运。在趸船安装八门海军炮时，工人将炮装得不平衡；潮退船斜，炮翻江里。工人还把要装上"峨嵋"号的银元丢进浦江。

　　海军少将马德骥到江南造船所任所长是在1945年9月16日接收"三菱重工业株式会社江南造船所"之时。国民政府海军部改厂名为"海军江南造船所"。从那时起，江南造船所大权由闽系掌握。

　　1947年，桂永清任海军总司令。他安排亲信柳鹤图海军上校为江南所总工程师管技术，派妻舅何润荪海军上校为总稽核室主任掌财政，用亲信储文思海军中校为警务室主任掌警卫连和谍报组等，从技术、财政、警务上架空马德骥。

胡沛然、戚原等提出，要充分利用桂永清和马德骥的矛盾，积极开展策反。虽然他们在对付共产党问题上一致，但在搬运、疏散等问题上，态度有所差异。桂派是死心塌地执行海军总司令部布置，闽系则有动摇和犹豫。要团结一切可团结的力量，利用一切可利用的矛盾，使护厂工作更顺利。

胡沛然、金尔音写信给马德骥，希望他认清形势，选择光明，为人民立功。收信后的马德骥，装病在家，在搬运、疏散上采取观望态度，直到1949年5月下旬被储文思挟持到台湾为止。副所长、海军少将林惠平接任马德骥为代所长，但他与国民党决裂了。当局任命海军上校周亨甫为所长并升为少将，可这所长也不去台湾。在他们影响下，除电气、外钳两车间主管工程师外，船体、轮机和内燃机等车间所有主管工程师全留下，工程技术人员几乎全站队过来，打击了桂永清疏散技术人员计划。

此时，另一条战线也在悄然展开。律师、地下党员林亨元在海军中开展策反，通过郭寿生认识了福建老乡林惠平、王荣瑸等人，要他们在江南造船所护厂斗争中发挥作用。

设计处造机科科长、海军上校王荣瑸倾向革命，1926年就参加了郭寿生负责的中共外围组织"新海军社"，并为社刊《灯塔》撰稿。在杨培生指导下，他参与组织了江南所职工会。他后来在英国曼彻斯特大学留学，到德国监造潜艇，去美国康奈尔大学海军内燃机学院和纽约海军造船厂做研究。

当局要把江南造船所的图纸运往台湾。王荣瑸提出：重要和常用的图纸先运走，其他的寄放于外国侨民家中。得到同意后，他"狸猫换太子"，明里装箱运台的是重要图纸，暗地从所里运来数十万份图纸中，整理出技术含量高、价值大的图纸二万六千多张，装入白铁筒封箱。他把图纸、全套英美造船年鉴书等，放在前总工程师英国人毛根遗孀家中。解放后，这批图纸为新中国造船业和海军建设做出很大贡献，王荣瑸也被任命为江南造船所解放后首任总工程师。

5月19日，海军陆战队在江南造船所增岗，职工禁入。22日深夜，海军陆战队在所内实施全面爆炸，"据统计，损失机器设备、工具、材料等80825件5252吨，损失车船43辆（艘）"（《上海船舶工业志》）。由于地下党领导工人全力护厂，总方棚间、氧气厂等重要设备和厂房未损，三座船坞完好无损。

爆炸声响，戚原、金尔音忙到厂外查看，胡沛然也赶来。大家当场决定成立人民保安队，党代表是戚原，金尔音任政委，让章书华、李培坤率党员集中在肇周路六十间，准备应变并负责江南所附近治安。

25日，解放军到江南造船所，人民保安队一千多人配合。两个大队负责抢修设备和厂房，仅用两小时就修复三条拖轮，运输数千部队过江，还带路肃清苏州河北残敌。29日，江南造船所工人驾驶"江南三号"、"四号"拖轮，运送解放军前往解放崇明岛。"江南三号"翌日又参加长江口追歼国民党军舰的战斗。战斗结束后，华东海军司令员张爱萍上船慰问并授两面锦旗。

转眼到了7月23日，江南造船所召开庆功大会。陈毅市长、曾山副市长、张爱萍司令员等到会。陈毅的话在黄浦江畔回响："国民党要毁灭江南造船所，我们一定要建设江南造船；国民党的破坏轰炸是有限的，我们的建设力量是无穷的。"

上海法商电车电灯公司工人革命斗争地遗址

【红·点】红色堡垒卢家湾 法商电车电灯公司旧址 重庆南路 275 号
【红·片】中国共产党第一次全国代表大会会址 兴业路 76 号
中国共产党第一次全国代表大会代表宿舍旧址 太仓路 127 号
中国共产党代表团驻沪办事处（周公馆）旧址 思南路 73 号
上海孙中山故居纪念馆 香山路 7 号
韬奋故居 重庆南路 205 弄 54 号

迎着朝霞奔驰

　　"小宋，明晨要把汽车开出去为人民服务，支委会决定你开第一辆，有意见吗？"党支部负责人老王笑着对宋士杰说。

　　"夜盼日盼，终于盼到了这一天，我还会有什么意见呢？"宋士杰答道。

　　他还记得那天清晨驾驶第一辆人民自己的公共汽车的情景："经过大光明电影院、国际饭店、大新、永安、先施公司，看见胸前挂着鲜艳的'军管会'符号的解放军同志在马路上迈着英武的步子，女同志提着铁桶张贴《中国人民解放军布告》，一些商店的店门闪开了缝，探出了一张张惊喜的笑脸。"

路旁的人们对驶过的公共汽车挥手，一阵阵歌声从车外传来："解放区的天是晴朗的天……"

开车需要宋士杰集中思想，可他抑制不住心头的惊奇："上海真的好像没发生过战斗，它完整地回到了人民的手里。"

1908 年 3 月 5 日（清光绪三十四年二月初三）清晨，上海第一条有轨电车线路营业，宣告上海城市公共交通的开始。到解放前夕，英电（上海电气建设公司上海有轨电车公司）、法电（法商电车电灯公司）、简称公交（筹）的上海市公共交通公司筹备委员会，共有公共汽车 402 辆，无轨电车 166 辆，有轨电车 331 辆。

在迎接上海解放的护厂斗争中，上海地下党提出公用事业力争做到"三不"——不停电、不停水、不停交通。

对法电地下党来说，要依靠三千一百多名职工挑起这三副重担：护车、护水、护电。要护住法电的 62 辆有轨马达车、55 辆拖车、38 辆无轨电车和 75 辆公共汽车。要护住法电经营的水电：1949 年法电已日制水 14 万吨，为 73 万人日供水约 10 万吨；发电达 2.14 万千瓦，占全市供电量十分之一。

一场较量，拉开了大幕。

"Républiques, Roulevard des Deux.""民国路（今人民路）到了。"按法电《售票员服务工作守则》，售票员要用法语和华语交替报站。

1946 年 1 月 15 日。法电的乘客碰上件新鲜事：售票员说，今朝乘车勿要买票，大请客。

"为啥要请客？"乘客问。

售票员解释："从去年底起，法国老板四个月里涨票价五倍，职工工资按11月生活指数反而少拿一成。现在物价飞涨，一家老小吃不饱；马上就要过年，工人要求增发年奖却被拒绝……"

法电工人的倾诉得到乘客和社会的广泛同情和支持。

在20世纪二三十年代，上海公交票价涨幅不大。抗战前，一些公交企业还主动降价或以廉价吸引乘客。从抗战胜利后起，则物价不断上涨，票价调整频繁。

法电地下党以工会整委会出面与资方交涉，多次未果。当时，国民党政府宣布"公用事业一律禁止罢工怠工"。地下党员、法电工会副理事长周国强、张浩波与车务部积极分子商量时，有人提出：来个乘车不要买票的大请客，既让资方肉疼，又让国民党无法镇压。

1月10日，工会向资方提出12月工资不少于11月、增发年奖一个月等九项要求；如14日前不答复，资方负一切后果。但该提议仍被拒绝。

14日，机务部率先怠工。市社会局与资方调解失败。根据地下党布置，15日上午开始"大请客"。不到两小时，消息传遍上海。市社会局忙发布告，要求16日晨"一律照常工作"。当晚，负责法电的市工委委员王中一与法电区委商议，16日继续"大请客"。

市警察局长宣铁吾派警察会同宪兵镇压。17日五点多，天未亮的法电已布满军警，电车因资方断电而无法出场"大请客"。见现场聚集一千多工人，宪兵23团要八位代表到车务部总管办公室商谈。朱俊欣、周国强、张浩波商量后分头行动：一路谈判，一路领导"大请客"，一路现场指挥。

工人开出公共汽车替代电车，边"大请客"边贴标语："资方关断电门，宪警弹压工人"等。朱俊欣、周国强等与负责现场的上校陈统尧针锋相对两个多小时。

　　这时，"飞行堡垒"（警车）开了进来，陈统尧要朱俊欣下令复工，否则逮捕工人。纠察队和工人们，有的躺车前堵车，有的冲上楼救代表。面对持枪荷弹的宪兵，工人胡杏泉"唰"地拉开上衣："你开枪吧。譬如抗战八年被东洋人打煞。"宪兵不由得后退，工人们一拥而上，救出代表。

　　下午，国民政府社会部次长洪兰友来沪调解，初步商妥复工条件：增发年奖以借支解决，怠工期工资照发。18日上午，资方反悔，下午又被迫同意：在发原年奖外，另发奖金每人法币一万元，怠工期四天发工资五千元。19日，工会举行大会，朱俊欣报告谈判结果，"大请客"取得胜利。会后，二千多名法电工人到复兴公园合影庆祝胜利。

　　"大请客"引起全市强烈反响，年关斗争在各业展开，酒菜、沐浴和理发业等纷纷"请客"。原上海社科院工运史研究室主任郑庆声回忆：曾任上海局副书记刘长胜在世界工联干部学校作报告时，"学员们对当时上海法商电车公司工人'大请客'的斗争方法特别感兴趣，这一斗争策略使学员们听了大感兴趣，并表示他们回国后亦可采取这种斗争方法。"

　　老底子上海人说起卢家湾，多是意指法电。法电工人的斗争历史悠久。1919年6月5日，法电工人就罢工支持五四运动。1922年3月3日，车务部罢工，上海共产党早期组织的机关刊物《共产党》月刊第4号赞为"上海法租界电车工人罢工底胜利"。就在这年，中共派社会主义青年团员陈廷郊入法电开展工作，后派党员戴汉森进车务部。三年后，余茂怀入法电机务部，于1925年10月建支部。至1927年3月，法电有党员五十多名。余茂怀率一百多名臂系红布条的法电工人纠察队参加第三次武装起义，成为沪南骨干。

卢家湾有"红色堡垒"之称。"四一二"反革命政变后，余茂怀撤离，徐复生接任书记。后与中共法南区委接上关系，书记为徐阿梅。1930年，中共法南区行委派陈德琛指导法电支部。1931年，陈德琛牺牲，法电支部与上级又一次失联。但法电党员仍坚持斗争，在1928年和1930年发动了两次大罢工。

1937年，车务部重建支部，书记为王中一。之后，中共江苏省工委派韩念龙来接上关系。1945年夏，法电区委成立，书记为朱俊欣。10月，法电工会筹委会成立党团，书记为朱俊欣。

抗战胜利后，80%法电工人签名请愿"反对内战，要求和平"，并在党领导下进行多次罢工。其中值得一提的是"九·二七罢工"。

1947年9月27日，法电工会以资方拒绝提出的六项中秋节经济福利要求大罢工。上午十时，熊道弘等人被捕。29日，警方通缉朱俊欣、周国强等十六人，资方开除四十七名工人，限令30日复工。10月1日，法电工会被迫停止活动。3日，警察用武力手段强迫失业工人开车。法电职工游行遭镇压，九十六人被捕。

英电、纺织、机器等行业工人罢工支援法电，全市60个工会209名理监事发表联合宣言：反对国民党解散工会和逮捕工会领导人，要求保障民主和人权。当局让杜月笙和社会局副局长赵班斧调停。自3日起，被捕人员陆续释放。5日复工，资方被迫让步，罢工期间工资照发。

朱俊欣、周国强、张浩波等因被通缉而撤离，中共法电区委书记为陈龙祥。翌年 3 月 20 日,军警从王中一家搜获机务部党员名单。名单上十五人被捕、三十四人撤离,法电党组织又与上级失联。后张浩波与权琳甫接上关系,法电由市工委陈公琪领导。1948 年 5 月,工会党团重组,书记为马少林。10 月法电总支成立,书记为权琳甫。至上海解放前夕,法电有党员 138 人。

为确保不停电、水、交通,负责好沪南治安,保护好社会局等重要机关,权琳甫秘密组织七百多人的护厂纠察队,成立工协法电支会统一领导护厂:"人在厂在,绝不允许敌人动一动我厂的一草一木。"

5 月 10 日,机务部门纠察队开始轮值巡查。20 日,队员全部住厂,并组织二百多工人家属进厂。党员废寝忘食,利用夜晚写标语、印文件、贴传单。他们利用售票员装票箱的皮袋装传单,用罐头和火柴盒装浆糊,趁上早班在马路和车厢里张贴。市民天一亮就看到这些传单,它们鼓舞人心、激发斗志。

法电另一重要工作是摸清要害部门位置,沪南设施、工厂、机关情况,弄堂是"死"是"活",敌碉堡布局,配合解放军进行接管。摸情况辛苦,有时只能到戏院打瞌睡。有的工人下班摸情况,回来还要参加夜里的护厂值班。此外,党支部团结最多人以减轻护厂的阻力。他们写了五百多封信宣传党的政策:高级职员要消除顾虑、为国效劳;工头领班和技术人员要安心工作、等待接管;特务和走狗要老老实实,立功赎罪。

1949 年 4 月的一天,阿斯屈来特公寓(今南昌大楼)法电总管勒莫尼家走进三人。法国人到任不久,前任马西拉被国民党关押后回国。领导法电的市委委员马飞海与权琳甫研究后,派许炳山、马少林、陆如松以"中国人民解放军先遣队"名义争取勒莫尼，三访他家。宣传我军胜利形势、我党保护外商企业政策。国民党要破坏法电，工人已组织护厂，他们请公司协助。勒莫尼答应，为护厂工人吃饭储备每包二百斤的大米六百包及咸鱼、萝卜干等食物。第三次拜访的目的，一是让勒莫尼准备五万银元"应变费"供护厂所用，他答应了；二是要法领馆与汤恩伯打交道，通过外交途径拒敌军驻厂。

1948年7月7日，公交（筹）解雇司机72人和售票125人，激发罢工。翌日，工人开数十辆公共汽车包围市政府，举行公共汽车大游行。这迫使当局将解雇改留职停薪，停薪人员仍享受免费乘车和医务室就诊等福利，日后需录用人员时准予复职。9月，在斗争中诞生了公交员工福利会第三届理事会，钟泉周为理事长，王元为代表司机的常务理事，顾伯康为司机理事。

钟泉周毕业于西南联大工学院，曾参与昆明"一二·一惨案"调查并组织西南联大校友后援会。1946年，他在重庆筹办《科学时代》杂志宣传民主，同年进上海市公用局电车公司筹备处。王元在上海"孤岛"时期曾参军当驾驶兵。1946年他考入公交（筹）当司机。1947年，他参加中共地下党组织的司机"聚餐会"，在同年6月公交大罢工中被选为工人代表。顾伯康曾为芜湖国民党军政部第三修理厂代厂长，因厂要参与内战而逃离，1948年考入公交（筹）当司机。

解放前夕，就连官办的公交（筹）的日营业收入，支付汽油费后也所剩不多；职工工资只能维持最低生活。职工提出发"应变费"无答复，遂于2月16日罢工。淞沪警备司令部当日逮捕公司福利会理事长钟泉周、常务理事王元、理事顾伯康等九人，翌日将钟、王、顾三人杀害。

三位烈士的牺牲，激起国内外的遣责。中福会捐赠全套衣服给烈士子女至十六岁，华罗庚任理事长的美国伊利诺伊大学科学工作者协会组织悼念并募捐。在公交三烈士殉难一周年，陈毅题词："为中国人民事业而牺牲，永远为人民所纪念。"

　　三位烈士倒下了，千百人在继续战斗。5月21日傍晚，为防止敌人抢车，地下党员老王动员所有司机离开宿舍住在外面。地下党员老金和宋士杰带着工人对看守汽车的国民党士兵谎称进行例行修理，实际把车修"趴下"——点火圈和油门弹簧螺丝松了，汽油放掉……晚上，来了批国民党军。司机找不到，会开车的捣鼓半天也动不了车，二百多辆公共汽车被保住了。

　　5月22日起，法电纠察队彻夜巡逻。25日，人民解放军进入沪南。法电工人确保水电供应和交通畅通，封锁要害部门，站岗卢家湾、嵩山警察局，在海会寺捕获一批武装散兵流氓。他们配合我军59师警备沪南，负责陕西南路到淮海中路八仙桥一带的治安，还迅速组织支前运输队，运弹药给养到外滩江海关，保障部队追击苏州河北敌人。26日，遭通缉撤退的朱俊欣、周国强随解放军返沪。

　　8月26日，上海第一个工人基层组织法电工会成立。到会的陈毅身穿短袖衬衫，一旁是淞沪警备司令部副政委韩念龙，他是法电的老熟人。1937年，中共江苏省工委派他化名"老蔡"与法电接上关系。

　　陈毅在会上号召：有光荣斗争传统的法电工人和上海工人阶级要勇敢地战胜困难，把建设上海的重担挑起来。

　　迎着朝霞奔驰的日子开始了。

【红·点】永安公司绮云阁——上海解放时南京路上第一面红旗升起处 南京东路 635 号

【红·片】上海解放第一声新新公司（凯旋电台旧址）南京东路 720 号

红色第一店 上海市第一百货商店 南京东路 830 号

中共上海市委联络机关福州路旧址 福州路 89 号

茅丽瑛烈士殉难处 南京东路 98—114 号

劝工大楼遗址（梁仁达烈士流血处）南京东路 328—334 号

"五卅"运动爱国群众流血牺牲地点 南京东路 772 号附近

南京路上升红旗

1948 年底的一天，南京路永安新厦（今永安大楼）七重天酒楼。

一间包房内，坐着两男一女，其中一位男子是郭琳爽。就在这栋楼诞生的 1933 年，他接任上海永安公司司理；公司在 1939 年注册为美国企业后，他又任总经理。今天，他请丁盛雅父女吃饭，而前来拜访他的丁盛雅则刚出狱。

1947 年 9 月 29 日中秋节深夜，连他共九位三区百货业工会领导被国民党逮捕，百货业工会和各公司分会则被武装接管，建国民党工会，史称"九·二九事件"。在共产党领导下，广大职工抵制国民党工会，各公司选举重建民主工会，被捕的工会领导也先后获救。

永安职工分会理事会主席丁盛雅是中共地下党员。席间，他探问这位上海百货业举足轻重人物的去向。此时，人民解放军百万大军已兵临长江。

"公司好比一只船，我是船上的大副，船在大副在，我是不走的。"郭琳爽答道。

丁盛雅拜访郭琳爽是受地下党永安党总支指示，争取郭琳爽并影响其他上层人士；此为迎接上海解放护店行动整盘棋中的一着。

1949 年 2 月，上海市委建了九个区委，书记为市委委员周炳坤；市委对口联系人为市委委员梅洛。沪中区委交给百货业分区委的任务为："保护公司大楼，保护企业财产，配合人民解放军把南京路以各大百货公司为中心的商业区完整地接管下来。"

百货业地下党组织一系列"应变"措施。一是布置各大公司党总支和小百货支部建应变委员会，使其成为地下党直接领导的组织；

二是广泛宣传"应变"就是保护企业财产，护店就是保护职工饭碗，得到资方和全体职工一致支持，建起形式不同的应变委员会；三是应变委员会下的纠察队（联络队、联勤队）成为委员会骨干力量，后统一为人民保安队。

居南京路"四大公司"之首的永安公司令人瞩目，而永安党总支则由区委委员赵永明领导。永安地下党历史悠久，早在1927年就有章光明、甘泉两名党员，后建立了党支部。大革命失败后，党员被迫离开。

重建支部在1938年，书记为吴人杰。1939年5月，中共江苏省委职业界运动委员会成立百货公司党委，后改百货业党委，吴人杰为委员。到1942年，永安党组织为两个互不联系的平行支部，铺面和二楼支书赵锡林，三四楼支书严中石。

抗战胜利后，永安建党总支，赵锡林任书记。1946年，陶志泉为书记，下设四个分支部。1948年，国民党准备在沪进行大逮捕。8月，根据中央指示，已暴露或被注意的同志都撤离上海。到丁盛雅拜访郭琳爽的1948年底，尚有党

● 1949年5月25日，《上海人民》号外刊登《大上海解放了 解放军约法八章》

员六十八人。至 11 月，党总支书记为宗鳌春；百货业陶志泉为对口联系人。1949 年 4 月，宗鳌春等十六人撤离，此时有党员八十四人。

在永安地下党的领导下，由职工代表王湘林等五人、资方代表刘协勋等三人、国民党工会杨伯雄参加的"上海永安公司自卫委员会"组成，下设粮食保管组、消防队、职工家属住处管理组、纠察组、救护队、燃料饮料组和庶务杂役组，分兵把守商店资产。同时，该委员会宣传形势和党的政策，揭穿国民党的谣言诬蔑，并做统战工作来稳定资方和高级职员的思想。

百货业党委指定专人每夜收录新华社和邯郸电台的节目，印成传单散发。在永安，陈炳泉负责收听解放区广播，通过党员向群众扩散。中共酱业支部组织党员等收听石家庄新华电台，再向群众传播。国货公司的六名党员在六平方米阁楼里打手电刻印传单，向职工传播。

摸敌情、孤立瓦解敌人的行为同步进行。王萌、唐德明负责摸查永安公司内国民党、中统和工福会等人员，调查附近国民党党政军警宪、官僚资本企业、水塔和变电所等情况，并绘制地图汇总向上级报告。党委会给杨伯雄看"约法八章"（《中国人民解放军布告》），警告他不要执迷不悟。

"郭琳爽已经买好机票，准备出国了。"洋酒部部长阮和甫悄悄告诉夏大义。信息可靠，因阮和甫常去郭家。

情况突变。之前，郭琳爽与丁盛雅在七重天吃饭时表态说"船在大副在，我是不走的"。这时，丁盛雅已不在上海，1949 年 1 月去了解放区。继续做郭琳爽思想工作的任务交给了地下党员夏大义，他以公司工会福利委员会主任身份拜访郭琳爽，去了两次都未见着。

沪中区委分析，这可能是郭琳爽的试探。于是，夏大义再见郭琳爽，为他较详细地解释共产党的经济政策，并着重围绕他的"关心点"：只要遵纪守法，共产党是保护民族工商业的；只要善待职工，不会被算旧账。

谈话中，郭琳爽不时点头，露出了宽心的神态。谈话也暴露了夏大义的真实身份。那时，白色恐怖甚嚣尘上，为掌握郭琳爽动向，他不顾安危，天天上班观察。几天后，夏大义从阮和甫处得知：郭琳爽已退掉机票，不走了。

郭乐、郭泉兄弟起家于悉尼"永安果栏"，1907 年到香港创办香港永安百货公司，而七层的上海永安公司则于 1918 年 9 月 5 日开业。1930 年，他们买下隔壁楼外楼茶馆，拆后建永安新厦。在五楼有封闭式天桥连接永安新老两楼，成为"四大公司"中唯一一幢联体建筑。

上海永安公司的经营路线是"以经办全球百货为鹄的，凡日用之所需，生活之所赖，靡不尽力搜罗"；货品以高档和洋货居多，经营门类丰富，吃喝玩乐均有。时有一说：只要有钱，可以不出永安公司，在里面享受一世。

全国最大百货公司永安公司开业仅十八年，所获利润为原始资本二十倍，达 2417.9 万元港币。其增长速度和获利，均大大超过最先到南京路的先施公司。除经营百货外，郭顺于 1921 年在沪开办永安纱厂。该纱厂先后开出五个分厂，形成集纺、织、染、印一体的纺织公司。

在美国的郭乐、坐镇香港的郭泉发出的函电频频飞向上海的郭琳爽，不断催促他及早离沪，可他去留举棋不定。在对共产党还不十分了解的情况下，地下党派专人向他"宣传中共的有关政策，鼓励他们留上海为新中国建设作贡献"。他还目睹了广大职工齐心协力护店。在他衡量的天平上，另一个重要砝码则是家族和个人的利益：怎么带得走公司、房子和商品……

1949 年 5 月 12 日，郭琳爽和主持上海永安纺织的堂弟郭棣活共同署名给伯父、董事长郭乐写了封长信。信中写道："今战祸来临，职等乃弃职避地，置公司等存亡安危于不顾。此岂诸长辈付托之初衷，而临难苟免，罔顾责任，又岂职等所应出此。"两人表示："此间两公司（永安公司和永安纺织印染公司——作者注）当局诸同事，俱深明大义，同喻斯理，并深知目前情形，应共同维护，用是俱能严守本位，不轻离职。"郭琳爽也把这个决定告诉了父亲郭泉。

留住一个人，影响了一批人。做国货公司经理李康年的工作就很顺利，这位企业家创办了生产著名"414 毛巾"的萃众毛巾厂和"三五牌"挂钟、台钟的中国钟厂。1947 年，李康年在 "爱用国货，抵制美货"运动中与党有过联系，对中共政策有一定了解，对国民党反动腐败极为不满。百货业党委派地下党员刘怀塘与他谈话五次，提出迎接解放的任务和护店要求，关于护店、救济被捕和撤退人员家属等问题的商讨均获成果。

"解放军进军上海市区之前，中共百货业党委鉴于南京路大楼林立，不能让国民党军队占领制高点，据此负隅顽抗，为此，由永安、大新、先施、新新、国货等公司中共支部，动员职工和家属，携带箱笼铺盖，住上大楼最高层，与百货业人民保安队配合，保护大楼和商店，使国民党军队无法进驻利用。"（《黄浦区志》）

在永安公司，党总支以公开合法形式护店。职工代表与资方代

● 1949 年 5 月，上海画家创作的木刻画《解放军到，老百姓笑》

● 解放军进入上海后严守城市纪律，坐在马路边吃自带的干粮

● 严守纪律的解放军入城后夜宿上海街头

表商定，划出部分楼面让职工及家属暂住。动员离家较远的四百多名职工家属搬进六楼，共同护楼。职工家属住在南京路英华街（金华路）拐角以控制西面，纠察队住在浙江路南京路一侧以控制东面；东西两处制高点均被我方掌握。

新新公司（今食品一店）与国货公司（今东海大楼）有一百多名职工家属入住，先施公司（今上海时装公司）、大新公司（今中百一店）等公司家属，则将许多箱子搬进大楼，占领空间。

先施公司遭国民党军队敲诈勒索三万银元。若不服从，国民党军队就在新亚旅馆门口架炮轰先施公司。地下党主动与资方商量，定下拖延对策。只拖了两天，国民党军队就仓皇逃走，没捞到一分钱。

在南京路上，地下党掌控的纠察队、联勤队、消防队、救护队在护店中起到了重要作用：他们控制各大公司制高点、各层楼面及所有出入口，日夜值班以防国民党军队、特务和小偷等破坏；他们还赶制印刷品、白布以写标语，准备在上海解放后立即散发，其中国货公司的大条幅就有二层楼高。

1949 年 4 月，中共上海市委将全市护厂队、护校队、纠察队、消防队等建成统一的上海人民保安队。5 月 24 日下午，在南京路中央商场二楼一号 A 室中共上海市委机关联络点，中共上海市委书记张承宗和市委常委张祺决定：全市各人民保安队当晚正式佩戴白底红字的人民保安队臂章，公开以"人民保安队"名义值勤，配合解放军解放上海。

三区百货业为区队，按公司编为大队，臂章编号"百"字。沪中区人民保安队总部分配百货区队执勤范围是南京路（从外滩到成都路），25 日凌晨进入位置。他们向解放军提供永安、新新和先

● 上海人民夹道欢迎解放军进入市区

● 女工们给解放军戴上光荣花

施公司大楼里国民党军队人员、装备等情况，并到苏州河老闸桥迎接解放军。他们组织职工代表和部分家属宣传劝降，劝降了国民党军队两个连、交警总队一个排，收缴永安公司国民党保安队；地下党永安公司门警支部还配合解放军收缴四川北路永乐坊国民党宪兵队……

益友社区队负责北到吴淞江（苏州河），南到民国路（今人民路），东到外滩（今中山东一路），西到虞洽卿路（今西藏中路）的区域。五金大队负责东起乍浦路桥，西到西藏路桥，南起天津路，北至苏州河的区域。中共酱业支部人民保安队维持浙江路东新桥一带。新药业两个大队在泥城桥、金陵路和老北门巡逻放哨。酒菜业在苏州河南、南京路一带设岗，并供应其他行业人民保安队一千多人吃饭。

5月25日凌晨一时，解放军占领上海苏州河以南全部地区。凌晨两点左右，在永安公司屋顶巡逻的职工，发现解放军出现在南京路。这些战士有的在行进中，有的则坐在先施和新新公司门口休息。

"我们的队伍来了！""我们胜利了！"永安公司里的人欢呼了起来。这时，一位党员提议，"我们一定要让解放的红旗高高飘扬在南京路的上空！"大家一致赞成。于是，他们借来一块红布，请老裁缝金永铭缝制了一面大红旗。红旗要挂在最高处，而永安公司最高处则是楼顶天韵楼西北拐角巴洛克式三层高塔楼绮云阁，它落成时就是南京路上的最高点。

前永安地下党总支书记宗鳌春记得：雷于斌、黄明德、乐俊炎、唐仁等四名党员冲上绮云阁挂旗。攀上塔楼时，他们发现旗杆上挂旗的钩子掉了，空间窄小难以站立，腾不出手挂旗。有人拿来消防带，乐俊炎用它将自己和旗杆绑在一起，腾出双手将绳系在旗杆顶端。

前沪中区委书记周炳坤、区委委员赵永明、百货业党委陶志泉等在《战斗在南京路上的百货业职工》中写道："突然从苏州河北桥驻北阜丰仓库残敌那里打来一排排机枪子弹，'啪'的一声把旗杆打断。敌人的疯狂反扑激起了小乐的满腔怒火，他紧握折断的旗杆，冒着密集的枪弹，又奋身向绮云阁攀登，以及其敏捷利落的动作，再一次把红旗巍巍竖起。"

不多时，新新、大新、先施和国货公司及江海关楼顶，先后飘扬起一面面鲜艳的红旗。

值得一提的是：在 24 日，永安地下党员陈嘉言冒着生命危险，用毛笔在大幅白布上以大字抄写"约法八章"；25 日，天空飘着蒙蒙细雨，百货业区队长、地下党员金发祥带领长云等四人，把这巨幅"约法八章"挂在了公司南京路的边墙上。

5 月 27 日下午，上海全境解放。30 日，红旗漫卷的南京路，大小商店张灯结彩，恢复营业。

【红·点】上海解放第一声 新新公司凯旋电台旧址 南京东路 720 号

【红·片】永安公司绮云阁——上海解放南京路上第一面红旗升起处 南京东路 635 号

红色第一店 上海市第一百货商店 南京东路 830 号

中共中央与中央军委联络点旧址 浙江中路 112 号

中共中央政治局机关旧址 云南中路 171—173 号

中国青年新闻记者协会成立大会会址 山西南路 182—200 号

茅丽瑛烈士殉难处 南京东路 98—114 号

梁仁达烈士流血处 劝工大楼遗址 南京东路 328—334 号

上海解放第一声

1949年5月27日清晨，即将全境解放的上海。

二十七名华东新华广播电台接管人员，乘车驶入中正西路7号（今延安西路129号华侨大厦）。这里是国民政府中央广播事业管理处上海广播电台，播音室在花园洋房二楼。

电台全体人员被集合起来，屋里的一个响亮有力的声音宣读着上海市军事管制委员会主任陈毅、副主任粟裕签署的命令："查上海广播电台为国民党宣传机关，兹任命周新武为本会接收专员，代表本会前往办理接管事宜。"……

下午，枪炮声平息，上海全境解放。

晚上，刚刚呱呱坠地的上海人民广播电台开始向全市人民广播，申城响起了参加接管的播音员夏之平和苏珮的声音："上海人民广播电台，上海人民广播电台……"

说起这解放的声音、胜利的声音，上海人民广播电台首任台长周新武特别提到："上海地下党接管广播电台的工作，还有一个十分动人的故事。新新公司地下党支部，接受百货业地下党委的指示，设法控制了设在五楼的'凯旋'广播电台。"

这个"十分动人的故事"是这样发生的……

"要把毛主席和朱总司令的命令向全市人民广播。"

1949年5月25日凌晨，当永安公司地下党员在绮云阁奋力挂红旗时，在永安公司斜对面的新新公司内，地下党支部书记张啸峰向杨俊交代任务。

杨俊是沪中区人民保安队百货区队新新公司大队队长，他叫上同为地下党员的陈君衡、姚仁根，带领一个小队的人民保安队，快步奔向新新公司六楼的广播电台。

上海人把收音机叫"无线电"，把听广播称作"听无线电"。上海是中国第一座无线广播电台的诞生地和无线电广播事业的发源地。1923年1月23日晚上八点，上海第一家电台首次播音，呼号XRO，频率1500千赫。它由曾姓旅日华侨同美国人奥斯邦合资的中国无线电公司与《大陆报》合作开办，人称"奥斯邦电台"。1949年前，全国私营广播电台有132座，其中上海93家，占70%以上。

1926年1月23日开业的上海新新百货公司（简称"新新公司"）是南京路"四大公司"中第三个问世的，其创始人是来自悉尼的广东中山人李敏周和刘锡基。取名"新新"，其意为"日新又新"；词出《礼记·大学》："汤之盘铭曰：'苟日新，日日新，又日新。'"它坐落于今南京东路720号，隔壁是原先施公司（今上海时装公司），斜对面为永安公司。店址选此的原因之一，就是为了形成一个小商圈效应。

新新公司从地下室到楼顶共七层，主营百货并集购物、休闲和娱乐等为一体。其中引人瞩目的是第一家由中国人办的电台——新新广播电台。它诞生于1927年3月18日，呼号XGX（后改为XLHA），发射功率50瓦。设计者邝赞是公司无线电技师，用自营的无线电器材和开洛公司的无线电线路图，装了部211式真空管广播机。电台播放唱片，转播新新公司屋顶花园的京剧、苏滩和滑稽等游艺节目及商情等，并介绍公司经营的商品。因电台四周皆为玻璃，人称"玻璃电台"。透过玻璃，顾客可以边消费边看播音和演出，这成为了公司的亮点并拉升了人气。1941年10月31日，六楼失火，致使播音室被毁。抗战胜利后电台重建，又称"凯旋电台"。

四楼，五楼，六楼……

静寂的大楼里，只听得杨俊与人民保安队员匆匆的脚步，伴随着急促的呼吸声。

早在中国人民解放军横渡长江前的3月，三区百货业党委就指示新新公司党支部要保护和控制这座位于闹市中心的凯旋电台，为迎接上海解放备好宣传工具。张啸峰挑选了杨俊、陈君衡、姚仁根三人执行，以公开、合法身份打入电台。

凯旋电台老板是新新公司董事长杨富臣，电台管理员是他广东大埔同乡杨观培。陈君衡借着与杨观培同乡的关系，又是国民党当局抓捕三区百货业工会领导人的"九·二九事件"中一起被捕的难友关系，开始走近杨观培。

为进一步争取杨观培，进而打入和掌控凯旋电台，陈君衡以学习无线电为名，从集体宿舍搬到电台住。他经常向杨观培做宣传工作，两人渐渐成为知心好友。随后，姚仁根通过陈君衡的关系也常去电台，在接近杨观培的同时，暗暗观察和学习电台操作的核心技术。

在短短两个月的时间里，新新公司地下党为夺取电台做好了充分准备。

"砰"的一声，凯旋电台经理室的门打开了。

一见杨俊、陈君衡、姚仁根与人民保安队员走了进来，坐在转椅上的老板杨富臣不禁发抖，瘫在椅子上。

杨俊向他表明身份、说明来意，并向他宣传党的政策，鼓励他的电台要为解放上海出力。

"应当效劳，应当效劳……"杨富臣缓过神来，笑容挂在脸上，他忙不迭地说道。

"同志们请吧。"他话音未落，陈君衡、姚仁根和杨观培就上机操作；打开开关，调整频率。歌咏队员、会说一口北京话的李云森对着话筒宣布："亲爱的同胞们，上海人民保安队播音开始了。"

这不仅是南京路上的人民第一声，也是上海解放的第一声。接着，凯旋电台播送《我们的队伍来了》等革命歌曲，之后，又连续播送毛主席和朱总司令1949年4月25日发布的"约法八章"。

南京路上响起的春雷回荡在中国最大的城市上空，回荡在六百万上海人的心间。这记春雷，也是震撼敌人的一枚威力无穷的炸弹。

浙江路桥北碉堡的一百多名敌军，在收听到"保证生命安全""要回家的给路条""不没收士兵的个人的东西"这"三项保障"的广播后，挂白旗投降。苏州河以北地区许多被围敌军官兵纷纷打电话到电台询问"三项保障"和投降手续，电台同志一一答复并敦促尽快投降。电台反复广播"约法三章"和"三项保障"，大康纱厂工人还专门借了收音机给驻厂敌军听，敌营长听后表示停止抵抗，等解放军来缴械。

各区正在护厂护店护校的人民保安队也接连不断地打来电话。有的提供敌军的人员和装备情报，有的请电台介绍劝降敌军的办法和经验……

电台的广播传到黄浦江对岸，成为英联船厂（今上海船厂）地下党瓦解敌军的武器。船厂在5月23日被青年军202师一美械连占领，工厂地下党决定趁他们心慌意乱、走投无路时打攻心战。25日，党支部书记沙玉琳给敌连长听凯旋电台播的"约法八章"，并与敌营长杨一帆展开交锋。最后，驻厂及附近的敌人集合在英联船厂广场缴械投降。沙玉琳回忆："我们初步清点一下，计有迫击炮二十四门、轻重机枪八十六挺、冲锋枪二十八支多支，手枪、自动步枪和步枪六百多支。人数杂七杂八共两千多。"

新新公司凯旋电台不仅发动政治攻势，瓦解残敌，同时也成为信息总汇和大众咨询台。有人打电话来打听战况，问如何转交慰问品给解放军，查询被捕亲人下落，了解共产党政策。甚至有人问解放后能否还穿旗袍长衫？

28日上午，刚成立的上海人民广播电台派接管人员来到凯旋电台。他们代表上海市军管会慰问新新公司人民保安队，向领导夺取电台的三区百货业地下党致敬。

1952年，新新公司歇业，这栋大楼分别为商业和工业系统的几家单位所用，其中最出名的是上海市第一食品商店。商店建于1952年，前身为上海市土产公司第一门市部。它早期经营山货杂品，后经营土特产食品，为上海较早的国营土特产商店。1957年起商店改为现名"第一食品商店"，而上海人却是反过来叫它"食品一店"。它不仅是上海最大的综合性食品零售商店，也是全国著名的大型食品商店之一。南京东路720号原新新公司所在大楼，1989年被公布为上海市文物保护单位。

2019年，为制作纪念上海解放七十周年节目，我与上海电视台《作文小镇》的编导们，来到原凯旋电台所在的南京东路720号六楼。这里的屋子已重新分割，我们兜遍整个楼面，却看不出一丝当年的迹象。

来到顶楼平台，我看到那座透空式塔楼仍在。当年，凯旋电台的发射天线就安装在塔尖和旗杆上。倚栏俯瞰热闹繁华的南京路，我眼前浮现出解放军行进过新新公司门口的那张著名照片，耳旁响起了上海解放的第一声……

浦春
江满

- ● 风云际会：锦江小礼堂
- ● 新上海第一中枢地：瑞金宾馆
- ● 浩气长存：上海市人民英雄纪念塔
- ● 红色第一店
- ● 新中国第一座音乐厅

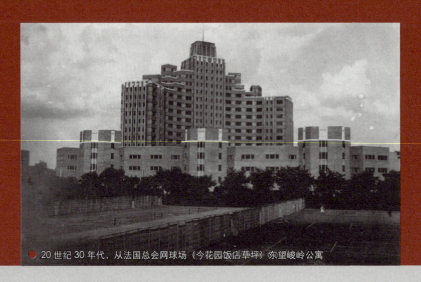

【红·点】中共八届七中全会会址：锦江小礼堂 茂名南路 59 号
【红·片】许广平暨《鲁迅全集》第一版编辑部旧址旧居 淮海中路 927 弄 64 号
中共华东局入沪第一站 瑞金宾馆 瑞金二路 118 号
中国社会主义青年团中央机关旧址 淮海中路 567 弄 6 号
第一次国共合作时期国民党上海执行部旧址 南昌路 180 号
中国共产党发起组成立地（《新青年》编辑部）旧址 南昌路 100 弄 2 号
中华职业教育社旧址 雁荡路 80 号

风云际会：锦江小礼堂

锦江饭店距我出生长大的老家不远。小时候，我从幼儿园回家时会路过饭店，经常看到在锦江北楼底层用餐的老外向窗外路人打招呼。进茂二小学（现为卢湾区二中心小学）后，冬季跑步时我会从茂名南路 175 号校门口跑到 59 号锦江饭店正门后再折返。

锦江饭店由北楼、中楼、西楼和小礼堂、南楼构成，占地 3.9 万平方米，建筑总面积 6.4 万平方米。

位于长乐路和茂名南路拐角、人称"十三层楼"的北楼建立最早，

原为华懋公寓（Cathay Mansions）。这栋高级公寓投资 330 万元，于
1929 年竣工，为当时上海最高的大楼。

中楼（贵宾楼）、西楼为原峻岭公寓（Grosvenor），落成于 1934 年，
投资 359 万元；由六幢三层炮台式公寓组成的西楼为附属建筑。这
个公寓称谓繁多，最初叫峻岭公寓、峻岭寄庐，又有据 Grosvenor
读音叫"格林文纳""格罗斯凡纳"，也有称"高纳公寓"；而上
海人则以它楼高十八层和地处蒲石路（今长乐路）而称其"蒲石路
十八层"。解放后它被改名为茂名公寓。它的美式风格与北楼的英
国调不同。

北、中、西三幢楼均为老上海首富维克多·沙逊产业。1949 年后，
沙逊离开上海，其产业被他抵了税债。小礼堂及五层的南楼分建于
1959 年和 1965 年。

组建锦江饭店在上海解放的第二年。上海市政府在筹划建个专

● 20 世纪 30 年代，建设中的峻岭公寓

● 20世纪30年代的蒲石路迈尔西爱路口（今长乐路茂名南路口）

● 20世纪50年代初的锦江饭店（北楼）

接待高干和外宾的宾馆时，选择与董竹君合作，这不仅因为她的锦江川菜馆闻名上海（曾为国民政府军政要员和海上闻人最爱），更因为她思想进步，帮助过中共上海地下党。

董竹君住过我们弄堂163弄，她在6号租下一楼、二楼，把这变成地下党的秘密据点。楼上住着的王韵梅，在1946年以六万五千五百票当选上海市第一位"上海小姐"。听大人们讲，来看王韵梅的人很多，小汽车从她家门口一直停到弄堂外的茂名南路上。

1951年6月9日下午3时，锦江饭店有限公司开业。店址位于政府提供的长乐路189号华懋公寓，店名为董竹君的品牌——"锦江"，董事长董竹君，老搭档任百尊为总经理。中华人民共和国第一个国宾馆由此诞生。刊登在 6 日、9 日《解放日报》的开业广告告知：锦江设有"旅馆餐厅"，原宁海西路 31 号的锦江川菜馆迁移至此并增设西菜品类，而锦江茶室仍在雁荡路 80 号营业。

儿时我就听说茂名南路这一带是"禁区"，户口很难报进，有政治要求，因为这里紧挨有"上海国宾馆"之称的锦江饭店和瑞金宾馆。从瑞金到锦江就一条直线，七百来米。瑞金宾馆原在复兴中路有扇黑竹篱笆门，直对茂名南路。下榻瑞金的有胡志明和苏加诺等名人，而锦江则接待过尼克松、蓬皮杜、田中角荣、撒切尔夫人等一百多个国家的五百多位国家元首和政府首脑，以及众多的国际工商界著名人物。毛主席住过瑞金宾馆和锦江俱乐部。

风云际会的锦江小礼堂，亮相在锦江饭店开业八年后。

1959 年 2 月 8 日春节过后，当时的中央委员会总书记邓小平和中共中央办公厅主任杨尚昆专程来锦江饭店查看地形，决定在北楼与中楼之间盖小礼堂。这里将举行中国共产党第八届中央委员会第七次全体会议，要建一个能容三百人的小礼堂。

选址定在锦江北楼和中楼之间。这里原有两幢作为办公楼的小洋房，锦江人叫它 61 号和 63 号，早年分别住着 H.E. 安诺德（Harry Edward Arnhold）和 C.H. 安诺德（Charles Herbert Arnhold）兄弟。他们俩的上一代德籍犹太人 J. 安诺德（J.Arnhold）和 P. 安诺德兄弟（P. Arnhold）与同母异父 P. 卡贝尔格（P.Karberg），于 1854 年合开德商瑞记洋行（Arnhold Karberg & Co.）。1914 年"一战"爆发，1917年中国对德宣战后，同为协约国的英汇丰银行代管敌产瑞记洋行。

战后，英国籍的 H.E. 安诺德和 C.H. 安诺德要求发还瑞记洋行资产，并于 1919 年在香港重新注册开业，改名为英商安利洋行（Arnhold Brothers & Co.,Ltd）。H.E. 安诺德 1928 年 4 月 19 日为公共租界工部局董事，并分别于 1929 年、1934 年、1935 年、1936 年四次出任总董，1932 年、1933 年两度为副总董。1926 年，新沙逊洋行兼并安利；锦江这块原属安利的地皮被抵押给"跷脚沙逊"。

中央对建小礼堂定了八字方针："庄严、朴实、适用、保密"。

上海市民用建筑设计院首任院长兼总建筑师陈植负责小礼堂的设计。他毕业于宾夕法尼亚大学建筑系，与梁思成和林徽因是同学。中华人民共和国成立后，他主持了中苏友好大厦、鲁迅墓等设计。时称"北有梁思成、杨廷宝，南有陈植与赵深"，可见他在业界举足轻重的地位。

小礼堂方案经邓小平、杨尚昆审核及周恩来审定后，上海的精兵强将就日夜施工。前锦江饭店副总经理乐翠娣当时还是共青团员，她回忆道："我们还推砖头小车，'吱吱吱'那个小车，帮他们一起推砖头。"

1959 年 3 月，两层多功能砖木结构的小礼堂展现在人们的眼前。在二十一天里，它从图纸变成了现实。小礼堂总建筑面积 10960 平方米，米黄色外墙，咖啡中式坡顶，正方朴素，凸显民族风格。

1959 年 3 月 25 日至 4 月 1 日，小礼堂迎来了第一个会议——中共中央政治局扩大会议。会议由中共中央主席毛泽东主持，主题是为八届七中全会做准备。

毛泽东住在锦江饭店对面茂名南路 58 号，原法国总会的上海文化俱乐部 206 室。（1960 年上海文化俱乐部归锦江饭店所有，改为锦江俱乐部。）代表住在中楼，北楼二楼是负责会务的医疗组、接待组等部门。锦江饭店服务会议的工作人员提前一月驻店，为保密而不能与外界联系；开会时服务员不留在礼堂中。

毛泽东坐车来到小礼堂南门，等候的服务员们惊喜万分，情不自禁地高呼："毛主席万岁！"主席对小礼堂十分满意，对设计者和建设者予以表扬。

中共中央政治局扩大会议结束后的第二天，中共八届七中全会4月2日接着召开，直至5日闭幕；毛泽东主持会议。出席会议共200多人，其中中央委员81人，候补中央委员80人。

这是锦江第一次接待众多中央和国家领导。为了提供最优质的服务，服务员细心记下中央首长的生活细节："陈毅首长，早饭要看情况，起得早就吃。""周总理，早上喜欢吃老煮蛋、豆浆，喜欢在豆浆里加蜂蜜、甜食等物。"

上海友谊商店早在3月19日就接到指示：四天内在锦江开出卖品部，设绸缎呢绒、百货食品、工艺和服装鞋帽等柜，经营高、精、名产品和新产品2700多种。八届七中全会期间，毛主席也来到卖品部，营业员激动地高呼"万岁"。出于安全考虑，这位营业员直到会议闭幕才回了家。而幸运的乐翠娣和服务员小李与毛主席合了影，中楼厨师长东林发烧的红烧肉深得毛泽东喜欢，于会后被调至北京。

代表们白天开会，晚上看戏。3月27日晚，毛泽东与中央领导在文化俱乐部观看文娱晚会，表演者中有著名魔术家莫非仙，其父莫悟奇为中国近代表演西方魔术之先驱。此后几晚，毛泽东又多次出席文娱晚会。从上海出去的陈云爱听评弹，就在北楼北面的兰心大戏院听书。除了看戏、看电影等活动外，跳舞就在俱乐部二楼。这里铺着的是原法国总会的弹簧地板，上海滩第一家。儿时，我还听说地板下有泳池，用时打开，不用时则合上地板。

关于在锦江小礼堂举行的中共中央政治局扩大会议（上海会议）

和八届七中全会，《中共上海党志》写道："上海会议继续纠'左'，会议检查了八届六中全会以来人民公社整顿情况，全会通过《1959年国民经济计划草案》和《关于人民公社十八个问题》，规定了人民公社三级所有、队为基础的制度。"闭幕那天，毛泽东作《关于工作方法问题》讲话，并对党内缺乏批评与自我批评的民主空气提出批评，赞扬海瑞批评嘉靖皇帝的勇气。

翌年，锦江小礼堂在半年内连续两次成为中共中央政治局扩大会议召开地。

第一次是在 1960 年 1 月 7 至 17 日。会议提出："到 1967 年基本实现工业、农业、科学文化和国防四个现代化，建立起完整的国民经济体系；同时，基本完成集体所有制到社会主义全民所有制的过渡，在分配制度上逐渐增加共产主义因素"（《中国共产党历史第二卷（1949—1978）下册》）。

会议期间的 11 日晚，毛泽东、周恩来、刘少奇、朱德、邓小平等中央领导到兰心大戏院观看上海实验歌剧院的舞剧《小刀会》。毛泽东在第二天接见上海实验歌剧院院长许平时说："这个戏很好嘛，是反帝反封建的。"

休会时的友谊商店卖品部，来了刘少奇、王光美、周恩来、邓颖超等领导。当周恩来发现笔记簿有两个价格时，坚持按原价付款，不享受会议期间的优惠。他说："这个规定不好。我们也应按原价，我们都是人民。"友谊人把周总理的话写进了店史。

第二次政治局扩大会议是在 6 月 14 至 18 日，主要议题是讨论"二五"计划后的三年补充计划。在会议的最后一天，毛泽东作《十年总结》讲话。他指出，"对于我国的社会主义革命和建设，我们已经有了十年的经验了，已经懂得了不少的东西了。但是我们对于社会主义时期的革命和建设，还有一个很大的盲目性，还有一个很大的未被认识的必然王国。我们还不深刻地认识它。我们要以第二个十年时间去调查它，去研究它，从其中找出它的固有的规律，以便利用这些规律为社会主义的革命和建设服务。"

五年之后，在山雨欲来的 1965 年 12 月 8 至 15 日，中共中央政治局在锦江小礼堂召开常委扩大会议。

20 世纪五六十年代的锦江小礼堂，因开过一次中共中央政治局常委扩大会议、三次政治局扩大会议和一次中央全会而备受瞩目。至 70 年代，锦江饭店已登上世界舞台。

1972 年 2 月 21 日，应邀访华的美国总统理查德·尼克松抵京。27 日，周恩来陪同他由杭抵沪，下榻于锦江饭店。这是锦江饭店接待外宾规模最大的一次。当时接待方还从和平饭店、国际饭店和静安宾馆等抽调服务员参加接待工作。中美双方入住饭店共 659 人，其中美国代表团 300 人，有正式成员 34 人和记者 87 人。尼克松总统住在中楼的总统套房内。

28 日，尼克松与周恩来走进铺着铁锈红地毯的锦江小礼堂，坐在黄扶手、绿绒布面的沙发上。两人在此签署的《中华人民共和国和美利坚合众国联合公报》（《中美上海公报》）是两国第一个联合公报，标志着中美两国关系正常化的开始。翌年，两国互设联络处，世界发生新变化。

1993 年 4 月，年已八十的尼克松第三次访华到上海。在为期两天的逗留时间里，他挤出时间，于 12 日上午重游锦江饭店。当走入小礼堂时，他说："二十一年前《中美上海公报》在北京开始起草，在杭州进一步磋商和讨论，最后在这里举行记者招待会并正式发布。可以说，中美关系就是从这里起步的！"

锦江小礼堂在近年几经改建，其中较大的一次改建是在 1997 年 4 月。建筑面积从原 1200 平方米扩至 10960 平方米，增加了九倍。地面二层共 2960 平方米，底楼有大型宴会厅、多功能会议厅和贵宾休息室等空间；二楼有三个小型会议厅。地下二层 8000 平方米，为车库和健身中心等设施。

改建方原计划对小礼堂全拆再建，而当年设计者陈植则认为小礼堂具有历史意义而不能动。锦江饭店与市规划局、市文管委等部门反复讨论后，决定采取"外古内现"方式改建：外观保持建造时的风格和红色调，内部则结构现代化。改建后的小礼堂，举办过上海合作组织五国元首会议、APEC 领导人非正式会议、国际《财富》论坛的上海年会等重要会议。

今天，直通大堂的西门成了正门，现代而洋气；原为正门的北门保持原貌。进出的正门变了，昨日的风云人物也大多远去，但锦江小礼堂的故事依然在流传，并将继续流传下去。

瑞金宾馆（马立斯花园）1号楼

【红·点】中共华东局入沪第一站 瑞金宾馆 瑞金二路 118 号

【红·片】中共八届七中全会会址：锦江小礼堂 茂名南路 59 号

《鲁迅全集》第一版编辑部旧址暨许广平旧居 淮海中路 927 弄 64 号

中国社会主义青年团中央机关旧址 淮海中路 567 弄 6 号

中国共产党发起组成立地（《新青年》编辑部）旧址 南昌路 100 弄 2 号

新上海第一中枢地：瑞金宾馆

1949 年 5 月 27 日，上海乍暖还寒。身穿军大衣的中共中央华东局第三书记、第三野战军司令员兼政委陈毅，乘坐常志刚驾驶的吉普车来到中正南二路（今瑞金二路）。

两旁的法国梧桐浓荫蔽日，车子开进了一个大花园，这里原是国民党励志社，前马立斯花园（瑞金二路 118 号）。一起到来的有华东局第二书记饶漱石、组织部部长张鼎丞、社会部部长舒同、财委主任曾山，以及华东局和三野的机关领导。

一个月前的 4 月 26 日，蒋介石在我军占领南京三天后，从浙江象山乘"太康"号到上海后就住在此地，直到 5 月 7 日离沪去舟山。

他在这里频繁召见党政军要员：参谋总长顾祝同、空军总司令周至柔、京沪杭警备总司令汤恩伯、京沪杭警备副总司令石觉、淞沪警备司令陈大庆、代理上海市市长陈良等。他还召见本地名流和在沪黄埔军校学生。

看来原主人离开仓促，原励志社大厅里的水晶、象牙和青田石刻等贵重工艺品都未带走。进驻淞沪警备司令部新闻处长官邸的《华东画报》记者黎鲁记得："房主人好像离去还不久，室内还散发出浓浓的香水余味。最令人注目的是，草地只剪了一半，另一半边上躺着剪草机。"

陈毅办公是在今瑞金宾馆1号楼（名人公馆），实为主楼1号楼与辅楼2号楼组成呈L形的英式花园住宅。主楼建于1917年，建筑面积1335平方米，二层砖木结构。它后被著名园林建筑专家陈从周取名为"卧茵楼"，2号楼因与"卧茵楼"相连呈环状，则被命名为"环楼"。1号楼内住过马立斯，它也是1927年蒋介石与宋美龄订婚和住过的地方，后为励志社。

华东局和三野领导机关入驻励志社是前一晚才决定的。

华东局于1945年10月在山东临沂成立，书记饶漱石，副书记陈毅、黎玉。在渡江前的1949年3月，邓小平任华东局第一书记。同月中央确定上海市委班子：书记饶漱石，副书记陈毅、刘晓。

26日清晨的上海市郊，白雾茫茫，天空飘着细雨，道路变得泥泞起来。就在凌晨，我20、23、27军一部北渡苏州河，攻歼市区残敌。中午，浦东解放。当日我军还攻占大场、江湾、吴淞、宝山等地。夜晚，华东局的领导和上海市委领导饶漱石、陈毅、张鼎丞、曾山、魏文伯（华东局秘书长）、王尧山（华东南下干部纵队第二支队政委），与坚持白区的上海局书记刘晓、副书记刘长胜、上海地下市委书记张承宗在圣约翰大学（今华东政法大学）一宿舍会师。当谈到华东局的办公地点时，上海地下市委委员马飞海提议用瑞金二路原国民党励志社所在地。

励志社效仿日本偕行社（后改称日军陆军军官俱乐部），成立于1929年，旨在培养"笃信三民主义最忠实之党员，勇敢之信徒"和"模范军人"，其任务为国民政府首脑及官员，包括在华美军官及家属提供后勤、日常生活及娱乐服务。励志社在各地设直属机构十一个分社和三十个招待所，社长蒋介石，总干事黄仁霖。

身兼沪南区委书记和沪南人民保安队总指挥的马飞海，对励志社的情况十分了解。就在沪南解放的昨天，人民保安队在励志社门口抓获自称"中国人民解放军地下军"的坏人，并且修好水电，完好地保护励志社。他胸有成竹地汇报：可以马上进驻。领导们决定：明天入驻励志社，并且要马飞海立即通知沪南人民保安队做好准备。

据陈毅警卫员唐士祥回忆："为了有效地指挥接管和恢复工作，指挥部不待秩序完全恢复，就决定将指挥机构迁入市中心区瑞金二路。军管会所属的军事、政法、财经、文教等接管委员会主要骨干也陆续来到，这里成了名副其实的具有权威的最高指挥机关。"

昔日的励志社，当时就成为了华东和上海党政军最高领导机构的大本营，成为新生上海的第一片中枢地。

这里的前身为戈登·马立斯建的马立斯花园。它东起瑞金二路，西与跑狗场逸园（今文化广场）相接（后为茂名南路向南延伸段），南起永嘉路，北至复兴中路，共占地4.8万平方米，其中花园面积3.5万平方米，共有四幢风格不同的住宅，建筑面积9855平方米。建于宋代的上海最老城隍庙淡井庙的一部分也在这片区域里面，现存一对石头狮子和一扇拱门。

戈登·马立斯父亲亨利·马立斯1867年（清同治六年）来到上海。他先供职于汇丰银行，发财后主攻房地产。今武胜路、延安东路、重庆北路等地多为其产业。他建造了以马字开头的马吉里、马德里、马乐里等里弄，并建造了占地0.75亩土地，闻名上海的马立斯菜场（今大沽路菜场）。1901年（清光绪二十七年），亨利·马立斯以外滩17号地皮入股《字林西报》，占该报股份47%，出任董事长。坊间流传甚广的故事说他娶了《字林西报》老板的女儿为妻，从此大好江山便由女婿来控制与经营。后因年迈体弱，亨利·马立斯回到自己的祖国，于1919年去世。临走前，他把"马家江山"交由儿子戈登·马立斯掌管。

到1924年，意大利文艺复兴时代风格的马立斯花园东北部（即现今的4号楼）已被卖给了日本三井洋行。花园一分为二，这边仍然是马立斯花园，另一边则叫"三井花园"。1985年，西南角建造了27层的瑞金大厦，该大厦的设计者是三井建筑事务所。

上海沦陷后，日宪兵司令部附属机关设在三井花园。马立斯花园这边则住进了卖鸦片发横财的盛宣怀侄子盛文颐（盛老三）。1938年，他在日本人支持下主持宏济善堂，承销日军从华北等地运来的鸦片毒品，成为当时最大的贩毒机构。抗战胜利后，盛文颐被捕入狱，住宅被没收后为励志社所用。国民党三青团上海支团部则入驻三井花园。

5月27日，华东局进驻的当天下午三时，最后一股负隅顽抗的敌人在杨树浦受降，宣告历时十六天的上海战役（淞沪战役）胜利结束。我军牺牲七千余人，歼敌十五万三千人，上海全部解放。

晚上，原励志社大厅灯火通明，华东局召开扩大会议。参会者

● 瑞金宾馆（马立斯花园）3 号楼

● 瑞金宾馆（马立斯花园）4 号楼

除了华东局和上海市委、上海市军管委领导，还有刚调至上海的潘汉年、夏衍、许涤新和各系统接管委员会负责人，第9兵团司令员宋时轮和政委郭化若，第10兵团司令员叶飞等部队首长，以及中共中央社会部吴克坚、上海局策反委员会副书记沙文汉和张承宗等人。

会上宣布中共中央决定：饶漱石为中共上海市委书记，陈毅、刘晓为副书记，委员是饶漱石、陈毅、曾山、刘晓、刘长胜、舒同、潘汉年、刘少文、李士英。6月增补的七名委员是吴克坚、章汉夫、李昌、刘瑞龙、夏衍、宋时轮、郭化若。那时，上海归华东局领导，饶漱石、陈毅等华东局领导兼上海市委领导，所以上海市委一度使用"中共中央华东局暨上海市委员会"之称。至此，中共上海地下市委完成使命，华东局暨新市委开启领导上海新征程。

同时，会上宣告中国人民解放军上海市军事管制委员会成立，主任为陈毅，副主任是上午刚从苏州率三野"前指"进驻上海的粟裕。这是解放军进入上海后的第一次军事接管会议。接管的各系统军代表与地下党各口负责人对口，部署具体接管工作。据陈毅秘书陈鼎隆回忆："这次会议决定的接管原则是'按照系统，整套接收，调查研究，逐渐改造'。从第二天起，全市的军事接管全面稳妥地展开了。"

按华东局和市委部署，接管分接收、管理、改造三阶段。在军管会领导下，接管分四大部门展开：一、军事部门由军管会军事接管委员会接管，主任粟裕，副主任唐亮；二、政务部门由军管会政务接管委员会接管，主任周林，副主任曹漫之；三、财经部门由军管会财政经济接管委员会接管，主任曾山，副主任许涤新、刘少文；四、文教部门由军管会文化教育管理委员会接管，陈毅兼主任，副主任夏衍、钱俊瑞、范长江、戴白韬……

● 1922 年 11 月上海工部局新大楼竣工

这天晚上的会，一直开到天亮。

5 月 28 日，中国人民革命军事委员会任命陈毅为上海市市长，曾山、潘汉年、韦悫任副市长。下午，陈毅率接管人员从瑞金二路出发，前往江西中路 187 号（原工部局大楼），正式接管国民党上海市政府。上海市人民政府就此成立，接管工作全面开始。上海解放一周年之际，陈毅在此题词"上海人民按自己的意志建设人民新上海"。如今，镌刻着题词的石碑被嵌在大楼二楼正厅的墙上。

原国民党上海市代理市长赵祖康在当天日记中记载，"下午三时，陈毅、曾山、潘汉年、韦悫到市府接收。先请余谈，陈表示好感，要我继续工务局事。"而移交市政府大印则不在当日，据他 30 日日记记载："市府印信移交周霖（林）派员点收，余之代长任务可说了矣。"周林时任上海市军管会副秘书长。

在马立斯花园这片新上海的中枢地上，华东局暨上海市委运筹帷幄，指挥着改造上海和建设上海的方方面面工作。最让上海人津津乐道的是那场"取缔银元、黄金、美钞投机"的难忘战斗，它狠狠打击了操纵黑市的伪投机分子。

1950年1月，中共中央决定把华东局与上海市委领导机构分开。中央批准上海市委委员为二十四人，其中常委四人，陈毅为第一书记，刘晓为第二书记，刘长胜为第三书记。1954年4月27日，中共中央撤销华东局等六大区一级党政机构，马立斯花园由华东局转归上海市委，花园南部的1号楼成为市委招待处的招待所。

解放初期，这里的3号楼仍是马立斯的房产。1953年，马立斯的代理人把仅属马立斯的3号楼连同花园交于上海市政府抵税。至此，马立斯花园完全归国家所有。1956年，马立斯花园改名为瑞金宾馆，成为上海的国宾馆，并且与三井花园拆墙打通，两处重新合为一体。在此下榻过的外国元首和政府首脑有越南胡志明主席、朝鲜金日成主席、印度尼赫鲁总理、印尼苏加诺、苏哈托总统等人。一些重要国事和外事活动也在这里举行。

中华人民共和国成立后，毛泽东主席首次到上海时也住在此地，时间是1953年12月26日他生日的那一天。次日，毛泽东主席赶往杭州，主持起草第一部《中华人民共和国宪法》。

1960年3月，为配合《毛泽东选集》第四卷出版，上海社会科学院在全国率先成立研读毛主席著作的学习室（后改为"毛泽东思想研究室"），主任是副院长庞季云，学习室成员还有邓伟志（后为社会学家）等人。

学习室初设在瑞金宾馆中。学习、工作之余，大家喜欢到一间小平房里打乒乓球。有一次，邓伟志无意中撞开了一扇小门，里面好像是一个储藏室，仔细一看才看清，屋里有两口小棺材，颇觉惊奇。棺材上面还有姓名，一为中共早期领导人苏兆征，一为张锡瑗。大家知苏而不知张，邓伟志问了好几位党史教师都说不知道。他写道，"我突发奇想：既然把张锡瑗与苏兆征放一起，张锡瑗莫非是苏兆征的夫人？说给庞院长听，庞院长批评道：'不能瞎猜！'看得出，庞院长知道张锡瑗是什么人，可是他不说，我们也不便问。"

原来张锡瑗是邓小平同志的第一位夫人。两人是苏联莫斯科中山大学同学，回国后同在中共中央秘书处工作，1928年结婚。翌年，张锡瑗因产褥热去世。这时，邓小平奉命赴广西，委托李强把遗体安葬于江湾公墓。上海解放后，邓小平找到张锡瑗墓，取出遗骨，同时找到相邻的苏兆征遗骨。置放遗骨的两具棺材，便存放在邓小平当时工作和居住的地方（邓小平当时住现今的1号楼）。不久，邓小平作为西南局第一书记进军西南离开了上海。1969年，苏兆征、张锡瑗安葬于上海市烈士陵园。1993年，上海市烈士陵园迁入龙华烈士陵园，邓小平为新建的"龙华烈士陵园"题写园名。

在改革开放后的1979年7月，瑞金宾馆对社会开放，接待中外宾客。普通人也能走进上海国宾馆，拍结婚照，聚会聚餐。我曾在4号楼前的大草坪上讨论《中国警务报道》的筹备工作，曾在楼内茶室里采访从上海广播电视台去央视的主持人和晶……

1989年，瑞金宾馆1号楼被列为上海市文物保护单位和第一批上海市优秀历史建筑。十年后，宾馆3、4号楼被列为第三批上海市优秀历史建筑。

● 上海市人民英雄纪念塔

【红·点】上海市人民英雄纪念塔 中山东一路 28 号黄浦公园内

【红·片】上海老市府大楼——上海第一面五星红旗升起处 汉口路 193 号

上海人民保安队总指挥部旧址 中山东一路 13 号 410、412、413 室

浩气长存：上海市人民英雄纪念塔

"这个地方应该是黄浦江的一颗明珠。有了这个概念，我们就把一个圆岛伸到黄浦江里面。这样一做出来，整体上，这个纪念塔不是一个角落，它是整个黄浦公园的龙头，也是整个外滩的龙头。"同济大学张振山教授，娓娓道出自己的设计理念。1987年，由他参与主要设计的上海市人民英雄纪念塔，在百余个设计方案的激烈竞争中胜出。

屹立着上海市人民英雄纪念塔的圆岛，位于上海第一家公园黄浦公园东北角，邻近黄浦江与苏州河交汇处。下沉式圆岛直径56米，纪念塔矗立圆岛中央。三片高达60米的花岗石立柱相依相撑，直刺青天，对应着纪念塔碑文悼念的——在鸦片战争以来的旧民主主义革命、五四运动以来的新民主主义革命和解放上海这三个时期牺牲的人民英雄。

有人说，塔的造型似江底猛然突起的冲天巨浪，我看更似三支巨型步枪。毛泽东说过，"枪杆子里面出政权"。没有枪杆子，就没有中国人民的翻身解放和中华人民共和国的诞生。

大型圆雕和浮雕与纪念塔同时问世，共同组成这一道红色景观。大型铸铜圆雕《浦江潮》高8米、宽12米、厚5.6米、重25吨，两米高的底座为大块花岗石。弄潮儿左握拳，右舞旗，奋勇搏击扑面而来的巨浪。纪念塔广场四周那一道高3.8米、长120米、面积334.6平方米的大型花岗岩浮雕《上海百年风云》，选取1840年至1949年间上海具有典型意义的事件而制成七组浮雕97个人物：陈化成坚守吴淞炮台、邹容与《革命军》、五卅运动、上海工人三次武装起义、中共一大会址、"左联五烈士"和四行仓库，以及一·二八淞沪抗战、上海学生"反饥饿、反迫害"爱国民主运动、庆祝上海解放等。

面积 1.6 万平方米的上海市人民英雄纪念塔，孕育于 1949 年。上海解放后，首任市长陈毅提出："上海是一座有革命传统的光荣城市，应该搞点纪念碑雕塑来教育子孙万代。"建造一座上海市人民英雄纪念塔的规划由此浮出水面。

上海人最早见到的是刊登在 1950 年 5 月 29 日的《解放日报》上的《上海市人民英雄纪念塔碑文》：

> 伟大的人民解放战争中，在上海牺牲的人民英雄们永垂不朽！
>
> 三十一年以来英勇的人民革命斗争中，在上海殉难的人民英雄们永垂不朽！
>
> 由此上溯到一千八百四十一年以来，为了反对内外敌人，争取民族独立解放，争取人民自由幸福，在上海历次斗争中牺牲的人民英雄们永垂不朽！

三天后的 6 月 1 日，《解放日报》发表《重要更正》：把碑文中"由此上溯到一千八百四十一年以来"改为"由此上溯到一千八百四十年以来"。

现在的《上海市人民英雄纪念塔碑文》，与 1950 年版略有不同：

> 伟大的人民解放战争中，在上海牺牲的人民英雄们永垂不朽！
>
> 伟大的五四运动以来英勇的人民革命斗争中，在上海

殉难的人民英雄们永垂不朽！

由此上溯到一八四○年鸦片战争以来，为了反对内外敌人，争取民族独立解放，争取人民自由幸福，在上海历次斗争中牺牲的人民英雄们永垂不朽！

建塔工作由市工务局局长赵祖康负责。他在 1949 年 10 月 14 日日记中写道："上午与季琦、兢成等察看拟造人民英雄纪念碑地址。"

在勘察六处预选地后，候选塔址剩下两处：一处是中山东一路 28 号黄浦公园门前空地；另一处为广中路侵华日军"海军上海战表忠塔"。19 日，赵祖康向市府递呈《工务局为奉谕筹建人民英雄纪念塔勘定地位二处呈请核示》。11 月 3 日，陈毅批示：定址黄浦公园。

黄浦公园两面环路、两边向水——环路是指西邻中山东一路，南连北京东路；"两边向水"是说公园东邻黄浦江且北濒苏州河。小时候，我从家里到这要坐 42 路车：从"文化广场"站上，到终点北京东路外滩，一下车就是黄浦公园门口。

建园计划始于 1863 年（清同治二年）。公共租界工部局工程师克拉克（J.Clark）在改造外滩报告中建议：为航行安全和稳定岸线，苏州河河口南侧要建堤岸；同时填土已有浅滩，把苏州河河口的喇叭形改成直筒状，让苏州河水流方向和黄浦江一致、不对撞，令河口不再出现漩涡和形成浅滩。

工部局董事会同意该提议并计划在浅滩建公园。1865 年（清同治四年）4 月，该方案获租界纳税人年会通过。新任领事文察斯德向上海道台丁日昌提出，将泥沙填至今北京东路到外白渡桥一带浅滩，围江岸做公园，共计面积三十亩四分七厘三毫。建园资金来自跑马厅基金会，从其 1862 年（清同治元年）买卖第二、第三跑马场获利的十万两规银中取一万，用于填土和种花木。6月，工部局宣布上海道台口头同意填滩。到冬天，填滩建园、改造外滩、疏浚洋泾浜（今延安东路）三项工程同时展开，并以洋泾浜挖出的河泥来填滩筑高。

1868年（清同治七年）8月8日，历时两年、用规银10223.59两，浅滩蜕变成公园。公园名为"Public Park"（公共花园），上海人叫它外国花园，也有叫外白渡公园、大桥公园等，1936年9月被改名外滩公园，1945年12月21日又改名为春申公园，一月后再被改名为黄浦公园并延续至今。

这个公共花园，却有过不对社会全体公众开放的历史。自开放之日起，公园就不准华人入内。1885年（清光绪十一年），工部局又于公园口竖起"除西人之佣仆外，华人一概不准入内"的牌子。

《申报》最先发声，1878年（清光绪四年）6月21日的《请弛园禁》写道："该花园创建之时，皆动用工部局所捐之银。是银也，固中西人所日积月累而签聚者也。今乃禁华人而不令一游乎？窃愿工部局一再思之。"在1881年（清光绪七年）、1885年（清光绪十一年）和1889年（清光绪十五年），华人联名上书工部局、英国总领事和上海道台，对不准中国人进入公园表示强烈愤慨："诚以其基址既属中国官地，其费又大半取诸华民捐税。而中国人民，反遭寸步不得入，不平若斯，小之足以辱及个人，大之丧失国家尊严，试问此园既以公共为名，果将居我华人何等地位！"无数国人对此表达不满，纷纷抗争，要求删除园规中侮辱中国人的条文。

在舆论、市民、商界、团体和名绅的支持下，上海道台会见英国领事。工部局实行签发手续烦琐的"华人游园证"，每证限用一周，在发证较多的1889年才发了183张。直至1927年2月，租界纳税人会议才同意华人入园。在黄浦公园问世整整六十年后的 1928 年，自 7 月 1 日起，包括黄浦公园在内的全市西人所建公园终于向华人无条件开放。

1941 年 12 月 8 日，日军进入租界，这里成了日本兵营，造起了碉堡。上海解放前，国民党军队在园内埋地雷、建碉堡。1949 年 5 月 27 日解放后，上海警备司令部迅速排雷，公园于 6 月 9 日开放。

建塔于此是极富意义的。在黄浦公园的土地上，记载着中国人民遭受过的耻辱。公园有过两座纪念碑：一座是常胜将军纪念碑，另一座是马嘉理纪念碑，它们均在 1943 年被拆除。

常胜将军纪念碑位于公园南端，为基座上刻"得胜"两字的三角锥形碑，上面有 48 名阵亡的外籍军官兵姓名；因华尔（Huaer Frederick Townsend Ward）居首位，该纪念碑又被叫作"华尔纪念碑"。美国人华尔在 1860 年（清咸丰十年）组建洋枪队，由候选道杨坊及上海道吴煦出资，帮助朝廷保卫上海、征讨太平军，号称"常胜军"。1862 年（清同治元年），华尔率千人到宁波协助攻打慈溪太平军，腹部受伤致死。翌年，江苏巡抚李鸿章出资建碑。碑原在公园外，1905 年（清光绪三十一年）工部局将其移入园内。

公园东北角的马嘉理纪念碑，由在沪英侨所立。1875 年（清光绪元年），英驻华使馆翻译马嘉理 (A.R.Margary) 奉命南下，1 月到缅甸与柏郎上校会合后，率武装探路队由缅擅自入滇。2 月 21 日，在腾越蛮允与当地少数民族发生冲突，马嘉理被打死。英国借此于 1876 年（清光绪二年）9 月 13 日，与清政府签订《中英烟台条约》。该碑于 1880 年（清光绪六年）被立于外白渡桥南堍西侧的苏州路（今南苏州路）与黄浦滩路（今中山东一路）口。1907 年（清光绪三十三年），因拓路该碑被迁入公园内。

上海市人民英雄纪念塔塔址确定后，1949年12月24日，市长陈毅，副市长曾山、潘汉年、韦悫联名发布《上海市人民政府为建立人民英雄纪念塔征求图样公告》。至1950年1月12日截稿为止，工务局共收图样三十八件、石膏模型五件，从中选出十八件图样提交评判委员会。

此时，中央人民政府内务部发出通令："查各地近有筹建或兴建烈士陵园碑塔者，为纪念革命先烈，教育群众，此举固属需要。但在目前财政困难条件下，应从缓进行，即希遵照执行为妥！"2月23日，上海市政府下令暂缓建塔。应征图样评选继续进行，并在5月5日评定完毕，唯一的变化是塔址有了微调。

建议者是从北京到上海来指导城市规划的苏联专家巴兰尼克夫。他认为公园门前空地太狭小，不利于更多人参加活动，应把纪念塔移入园内。他在沪做了《关于上海市改建及发展前途的问题》报告，不同意《大上海都市计划（三稿）》，主张上海城市改造以"既有城区扩张"取代"区域规划"。此前在北京，他提出以天安门广场为中心，在长安街两侧建中华人民共和国首都行政中心。这与梁思成、陈占祥建议在具有价值的旧城外、在西城墙外广阔市郊建立行政中心的方案相反。

5月28日，在上海解放一周年之际，黄浦公园举行上海市人民英雄纪念塔奠基典礼。奠基石当时被安放在公园西北部基座上，现在位于纪念塔广场东面。石上刻有陈毅手迹："一九五〇年五月廿八日为上海市人民英雄纪念塔奠基，上海市人民政府市长陈毅，副市长潘汉年，副市长盛丕华。"

塔址变化带来设计图样之变。10月6日，纪念塔工程审议委员会重新公开征求图样，并把应征范围从建筑界扩大至美术界。工务局从收到的四十六件图样中初选出十二件，连同第一次征稿前十名共二十二件递交给审议委员会。1951年3月10日的审议无果，27日审议委员会投票表决确定了名次。拆封后委员会发现第一、第二名为同一作者组合：建筑师谭垣、张智、黄毓麟和雕塑师张充仁。4月12日中标图样公布：以工、农、兵、学、妇女五人共擎国旗为主体的铜质雕塑，塔顶是一颗红五星和四颗小五星；塔身以云彩装饰，塔基背面刻着浮雕。

  不料，关于该图样的争论四起：有人说它与美军硫磺岛之战共擎国旗雷同，有人说群像以妇女在前而工人在最后的排列不妥，也有人上升到艺术创作的政治思想问题……图样在争论声中被修改，但建塔却没有止步：9月25日，工务局与张充仁签订《上海人民英雄纪念塔雕刻委托塑制合约》；12月13日，华东军政委员会批文同意建塔，华东财委专批铜23.5吨。

  到了1952年，张充仁开始创作泥塑。3月中旬，工务局与建筑公司解约，纪念塔土建工程停止。5月底，张充仁送审泥塑未通过。于是，纪念塔启动第三次设计征稿，此次只请美术界设计，不再公开征集。11月20日组成的第三届审议委员会，在1953年2月被解散。3月6日，市府发文宣布：纪念塔工程停建。

  关于上世纪50年代停建的上海市人民英雄纪念塔及向全国征稿的五卅运动纪念碑，《上海文化艺术志》认为："虽然上述二座纪念碑雕刻，由于历史条件和其他原因，被搁置下来，但表明新中国的城市雕塑事业已经起步。"

1987 年 4 月 21 至 29 日，市八届人大举行第六次会议。会上，47 名代表提议尽快建成上海市人民英雄纪念塔。根据提案，市府决定仍在黄浦公园建塔。为了筹集建塔资金，全市 3700 多家单位、99.6 万多人共捐资 1100 万元。11 月 17 日，建塔动员大会召开。1988 年 12 月 31 日，纪念塔破土动工，并于 1994 年 5 月 27 日上海解放四十五周年之日对外开放。

1995 年，中共黄浦区委、区政府投资二百多万元，在纪念塔平台下建造了一千平方米的外滩历史纪念馆，以照片、实物、巨型灯箱片等多媒体手段展现外滩的变迁。

20 世纪的黄浦公园是上海人和外来游客的留影打卡地；它背靠防洪墙，身前是外白渡桥与上海大厦。今天，上海市人民英雄纪念塔不仅成为外滩的一个重要景观，纪念塔广场也成为文艺演出和庆祝活动的重要场地。

2009 年，上海市人民英雄纪念塔进行修葺，于中华人民共和国成立六十周年前夕崭新亮相。天地间，浩然正气，永垂青史。

● 市百一店的前身是上海"四大百货"之一的大新公司

【红·点】上海市第一百货商店　南京东路 830 号
【红·片】"五卅"运动爱国群众流血牺牲地点　南京东路 772 号附近
上海解放第一声　新新公司凯旋电台旧址　南京东路 720 号
永安公司绮云阁——上海解放南京路上第一面红旗升起处　南京东路 635 号
梁仁达烈士流血处　劝工大楼遗址　南京东路 328—334 号
茅丽瑛烈士殉难处　南京东路 98—114 号

红色第一店

"阿拉到中百一店去。"

"我刚刚从中百一店回来。"

上海人讲的"中百一店"，指的是南京东路830号的上海市第一百货商店。可它的简称应该是"市百一店"，怎么成了"中百一店"呢？

这幢楼原属于大新公司，在南京路"四大公司"中问世最晚。创办者蔡昌与另三大公司老板一样，都是在悉尼的广东人。1891年（清光绪十七年），蔡昌随兄蔡兴到悉尼，开了一家卖水果和百货的小店。

1910年（清宣统二年），蔡昌想办大型环球百货公司。在兄弟俩募集到四百万港元后，大新百货公司于1912年在香港德辅道露面。六年后，他们又在广州西堤兴建大新大厦（今南方大厦）。取名"大新"，意指"规模之伟大，设备之新颖"（《上海大新公司概述》）。谁能想到，在20世纪80年代，"大新"一词竟成了贬义词，意为"假冒"。

在香港和广州获得成功后，蔡昌与蔡兴集资六百万港元投入到南京路、西藏路至六合路段的八亩地中。

● 大新公司开业一周纪念促销广告

●排队乘自动扶梯

1936 年 1 月 10 日，三面临街、注册于英国的上海大新百货公司开业。它的外墙为乳黄色釉面瓷砖，门面为青岛黑色花岗石，地铺意大利石。地下到四楼是百货商场，五楼经营酒家和舞厅，六到十楼有一半为游乐场。商场营业面积一万七千多平方米，商品三万多种。"然斯大新公司，不仅在上海足以一新耳目，实为我国百货公司之翘首。"有上海竹枝词为证："气象巍峨品物奇，多财善贾几公司。中华特辟繁华境，奚啻申江托拉斯。"

它的地下室商场当时是上海首创，1948 年的《上海市大观》说它"好像是公司的世外桃源"。"那里有冷饮、点心、茶室、西装用品、儿童衣着、晨衣、衬衣、领带、雨衣、女人衣料、外套及大衣。还有一种用电动机特制的多福饼，平均七秒钟就出产一块，好奇的顾客走到地下室，无不以一食为快。"此外，一楼柜台共有三千尺、走道十一尺宽，亦为沪上百货公司之最。

最亮眼的是底层大厅中央的自动扶梯，是当时上海乃至全国的第一部自动扶梯。"立足其上，即自动升降，稳妥迅速，计每梯可立客二十四人，速度每分钟转动四百尺，每小时可供四千人之上下"。

"循序转动鱼贯升降，确有凭虚御风之乐，毫无簇拥挤扎之苦"。"故当升降之际，尽可举目四眺，纵观全部，以便选购己所心爱之什物"。

抗战后住进汾阳路150号的美籍华人作家、国民党高级将领白崇禧之子白先勇记得："我踏着自动扶梯，冉冉往空中升去。那样的电动扶梯，那时全国只有大新公司那一架，那是一道天梯，载着我童年的梦幻伸向大新游艺场的'天台十六景'。"扶梯口有"稽查"拦下衣服破旧者。

五星红旗飘扬的1949年秋天，一百多人集聚于南京东路627号。这里是1930年拆楼外楼茶馆而重建的永安大楼，五楼有天桥连接永安公司。

中国共产党要在中国最大的城市和商业中心创建自己的百货公司了。上海环球货品业同业公会发声了。有的资本家说风凉话："领导就算了，何必开店？"也有市民冷嘲热讽："这些人耍枪杆还行，就是搞不出什么像样的店来。"

确实，筹备者绝大多数是外行，他们来自部队、机关、学校等：既不知柜台里商品摆放，也不知如何接待顾客。就是在解放区胶东贸易公司工作过的人，也没见过这么多的商品，更没面对过这么大的市场。当时有几位从老闸区调来的店员，他们成了最繁忙的"老师傅"。附近几个大公司的职工业余时间也赶来帮忙。

1949年10月，国营上海市第一百货商店成立，社会主义商业零售企业开始尝试初步运作。

一切从头学起。从胶东随军南下的齐志民记得：他们的经理是白色恐怖下坚持斗争十几年的地下党，这回却"忙得汗珠顺着粗框眼镜往下淌"。他白天一会儿到采购部收购工业品，一会儿到门市

● 20世纪70年代南京路上的上海市第一百货商店

部过问卫生衫布置，安排谁卖肥皂火柴，深夜还要打扫商场。

战场上流过血的小刘，拿惯枪的手拨弄起算盘来感到比打仗还难，"用枪打敌人十有九中，可就是算盘珠拨不准"。他拿出攻坚的劲头，吃饭时还在背"三下五去二""六去四进一"，经常练习算盘到深夜。

开门前一天，店员们进行了临战演习。七十五个营业员各就各位，扮顾客的每人发五十万元（旧版人民币）。一线指挥是经理和门市部主任，经理进行了战前动员："今天的演戏一切都要和真的一样，因为我们这个社会主义的商店，明天要和人民见面了。"

毕竟是大姑娘上轿头一回，好些营业员一见"顾客"就紧张。说是千做万做，蚀本生意不做，可营业员卖出的一只大号钢精锅里，居然还有五只小锅，错把一套当一只卖了……演习中的问题一一得到了纠正，大家对打赢这一仗的信心得到了增强。

1949 年 10 月 20 日，大家不约而同地早早来到商店，不少人还新理了发。小刘、老于等从部队来的营业员特意换上了新军装，他们的新阵地就是柜台。门口挂着小店招"国营上海市日用品公司门市部"，虽不能与隔壁的永安公司相比，但这个说："资本家靠招牌兜引顾客，我们靠的不是招牌！"那个道："小米加步枪能打败国民党，我们这块小小的招牌，也一样能战胜资本家的挑衅！"

早上九点一到，早早等候在门外的顾客，涌入上海第一家共产党领导的国营商店。有的还与穿军装的营业员"嘎山胡"，问这问那。门市部第一天接待顾客一万多人次，营业额超过当天的永安，而营业面积却还不及永安五分之一。

竞争在开店后更显激烈。几家公司在报纸和橱窗大做广告："购货两千，摸奖一次，特奖十万，头奖五万"，"买一件送一件，买一尺送一尺"。有的公司还派人来抄价格，打起三星牙膏、414 钟牌毛巾、双钱胶鞋等商品的价格战。

齐志民说："我们新诞生的国营公司，只是经济战线上的'一支步枪'。""门市部展现了崭新的国营商业面貌，第一个月营业额占当时南京路先施、永安、新新、大新'四大公司'营业总额的 60%"（《上海日用工业品商业志》）。两年后，这个电话总机 98145 的门市部扩到三个楼面，营业面积和经营商品分别增至 2830 平方米和一万多种，年营业额达 1323.6 亿元（旧人民币）。

1950 年，上海市日用品公司一部改为中国百货公司上海市公司，人们把门市部叫做"中百公司"。两年后改为上海市第一百货商店，人们习惯地改叫它"中百一店"了。此时，这里已不适合拥有员工 413 人和年营业额 1802.2 万元的百货商店发展需要，必须寻找新空间以扩大自身，其目标当是对标和追赶的"四大公司"。

四大公司方面，当时永安公司照常营业；先施公司仍在营业，停业则要到1954年；新新公司停业，易主为国营的市土产公司第一门市部；而大新公司的创始人蔡昌早在1947年就将资产资金和全家转至香港。当时上海大新的经营策略是"减少进货，尽量售完库存商品"。到1949年后，就是把留下的二十万元商品卖完。到了1953年9月，历时十七年，大新公司的商场部分正式结束营业。原大新公司商场铺面等设施由国营中国百货公司上海市公司承租，上海市第一百货商店入驻。

第一百货何时迁入"人去货空"的大新公司？《新民报（晚刊）》1953年9月27日头版报道："国营第一百货新门市部明天开幕：二十一个商业部门备货花色达二万多种。"当时市百一店一、二层和地下室营业，成为共和国第一家大型国营商店。

上海市第一百货商店，自1953年7月22日起延长营业时间。原是早上十点至晚上六点营业，与工农群众上班时间冲突，现改为早上八点到晚上八点。是否为工农兵服务是新旧商业的分水岭。先施公司甚至在橱窗摆两筐煤球，这并不意味着公司要卖煤球，而是表示经营观念的改变。而大新公司的新主人，则把毛巾搭出"和平"两字和天安门及华表的形象。

上海音乐厅

【红·点】上海音乐厅 延安东路 523 号
【红·片】中共中央秘密印刷厂旧址 新昌路 99 号
中共"六大"后党中央政治局机关旧址 云南中路 171～173 号
中共中央与中央军委联络点旧址 浙江中路 112 号
"五卅"运动爱国群众流血牺牲地点 南京东路 772 号附近
上海市历史博物馆（上海革命历史博物馆）南京西路 325 号

新中国第一座音乐厅

　　上海音乐厅是新中国第一座音乐厅。原本它并不是音乐厅，也不在今天的延安中路绿地旁，而是位于延安东路龙门路拐角上，大门开在延安东路 523 号，边门在东侧龙门路和西面的弄堂里。追溯起来，此地最初叫作"南京大戏院"。

　　南京大戏院坐落的延安东路，当年叫爱多亚路，龙门路则叫麦高包禄路。这块地方，原是潮州旅沪同乡会所办的潮州会馆的坟地。1929 年，这地被何挺然租下建戏院。肄业于圣约翰大学的他，已在 1926 年开设了北京大戏院（今贵州影剧场）。之后，他又在 1941 年建成美琪大戏院。

早在1919年投身电影业的何挺然认为，中国现有影院只有数十家，而且影院多为洋人所开，华人办的影院在数量和质量上无法抗衡。他要建造具有国际一流水准的影院，打破外商称霸放映业的局面。

1930年3月16日，《申报》出现这一广告："应社会之潮流，文化之进步，为国家之光荣，补民众之娱乐，同人等本不折之毅力，在本埠爱多亚路自建南京大戏院，建筑业已竣工，行于日内贡献于社会，谨先闻达。上海南怡怡股份有限公司谨启。"

十日后的26日，建筑面积约3800平方米的南京大戏院开幕。上下两层观众厅，有座位1540个。设计师是中国第一代留洋归来的华人建筑设计师范文照和赵深。整座戏院装饰多变，层次丰富，色调淡雅。古典的柱子与券形门交相辉映，沿台阶而上，大门上方有爱奥尼克式半圆壁柱。二层的正立面及转角有券形门及阳台。

门厅中央有大旋梯转向两面，前面是走马廊，后面则伫立着十六根赭色大理石圆柱。厅内有三个券形门洞，中间是两根爱奥尔尼式柱，两端为双柱。券门上的浮雕出自留法的中国第一位象征主义诗人、雕塑家李金发之手。休息厅、走廊壁面、地坪及扶梯均用呈现古典风格的大理石装饰。观众厅呈钟形，厅内是大理石壁面，柱身为白大理石，黑白混合的柱头及壁上装饰皆用希腊式花纹。这样的西欧古典主义风格沪上少有，它是上海第一座由中国人设计建造的西方古典风格建筑。1989年9月25日，上海音乐厅被列为上海市级文物保护单位。

南京大戏院无论建筑还是设备均为上海一流。它力压当时上海戏院老大、由邬达克设计的卡尔登戏院（今长江剧场）与奥迪安戏院，

●上海音乐厅门厅中央的楼梯

被美国《纽约日报》称为亚洲"洛克赛"（洛克赛时为美国设备最完美的戏院）。开幕当天，它放映了环球影片公司有声歌舞片《百老汇》。它同时还获得了美国福克斯和米高梅公司的新片专映权。

那时的上海戏院，实为影剧院，既放电影也演戏。直到20世纪70年代，我还在院名已是上海音乐厅的原南京大戏院看过电影；后来我还在此看过顾竹君、于飞和于振寰等演出的曲艺节目。

当年这里是名角璀璨。我就说两件事。一是1946年四五月，以梅兰芳、俞振飞等为主要演员的梅兰芳京剧团在此连演十三天。二是1949年8月，袁雪芬、范瑞娟、徐玉兰、戚雅仙、王文娟和金采凤等著名越剧演员在此连演六天。

在上海解放后的 1950 年 11 月 18 日，南京大戏院改名为北京电影院，这是上海第一家公私合营的影院。当天放映了昆仑影业公司新片《人民的巨掌》，编剧夏衍，导演陈鲤庭。

　　九年后的 1959 年是中华人民共和国成立十周年。为庆祝建国十周年和举办 1960 年的第一届"上海之春"音乐会的需要，同时也为了音乐事业发展和上海市民文化消费的需要，上海要有一个专门演奏音乐的场所。

　　有关部门计划在当时几十座影院剧场中，挑选一座改建为音乐厅。经比较推敲，钟情的目光落到了北京电影院身上。原来的首选是处于南京路黄金地段的大光明电影院，但这时它已在进行宽银幕电影改造，故无法更改。此外，兰心大戏院也得到过青睐。

　　要成为专业音乐厅，首先要满足对声音的高要求。同济大学建筑声学教授王季卿说："判断音乐厅优劣的最重要指标是混响时间。混响时间长，乐声就丰满圆润，相反则单调干瘪。但如果混响时间过长的话，又会影响清晰度。"

　　为了测试北京电影院混响时间，测试方特从部队调军大衣一千件。一件件军大衣被蒙于座位上，模拟全场坐满观众，以测试人体对声波的吸收情况。测试结果：混响时间为 1.5 秒。这结果排名全市剧场第一，特别适合演奏交响乐。时任上海音乐学院副院长谭抒真认为这里的音响效果最好。

　　放电影的剧场，只要混响时间不超 0.8 秒，在这怎么成了 1.5 秒？原来在南京大戏院建造时，电影已从默片向有声过渡，第一部百分之百的有声影片《纽约之光》刚在美国完成。南京大戏院考虑到声效匹配，提高混响时间是自然的，但不清楚的是怎会提至符合音乐厅条件的 1.5 秒？这一指数即使在世界一流音乐厅里也是拿得出手的。用著名指挥家陈燮阳的话来说，"除了顶级的维也纳金色大厅、阿姆斯特丹音乐厅、波士顿音乐厅这三家外，在音质上，上海音乐厅可以和任何音乐厅一较高下。"

南京大戏院被选中改建为音乐厅的理由，除了这 1.5 秒外，还有其厅堂的窄靴形设计。王季卿说："窄靴子形的音乐厅音效最佳，有助于增强早期反射声，使乐音更清晰、更集中。而南京大戏院碰巧吻合，造型相似，音质当然好。"

为获得好音效，剧场墙壁和柱子均由美国西电公司设计。在它尚未变身为音乐厅前，这里已响起了音乐之声。在剧院问世第二年的 1932 年 11 月 1 日，意大利著名指挥家梅百器指挥的工部局乐队最早登台，这支当时亚洲水平最高的管弦乐队在此连演了五天。从此，这里成了工部局夏季音乐会的固定演出地。

在 20 世纪三四十年代，在此献演的外国著名音乐家有：世界著名钢琴家莫什维支、著名钢琴家米罗维枢、大提琴家皮亚斯特罗、低音提琴家约瑟苏斯特，小提琴家阿德勒等。

北京电影院虽有得天独厚的先天条件，但并不能自然脱胎为音乐厅，尤其是舞台和乐池这两处关键离音乐厅标准还有距离。原舞台小而浅，说是因为南京大戏院股东之一郎德山要求舞台大小适合他的潘家班杂技马戏团演出。乐池也不大，当初的用处是容纳杂技马戏演出的伴奏乐队。于是，剧场进行了一系列改造：拆除了前排部分位子，拓展了舞台深度，改造了乐池以适应乐队演出的要求。

1959 年 9 月 20 日，由南京大戏院改名而来的北京电影院更名为上海音乐厅，新中国第一座音乐厅在上海诞生了。为庆祝上海音乐厅亮相，上海音乐界专门举行联合公演。1960年5月10日，"第一届上海之春音乐舞蹈节"在上海音乐厅举行。此后，每届音乐节都在此举行。

从北京电影院到上海音乐厅，对上海而言并不只是少了个电影院，新生了个专业音乐厅而已。上海音乐厅的诞生，标志着上海音乐界从此有了自己的活动中心，上海音乐家有了展现自己才华的舞台，上海市民有了欣赏音乐、陶冶情操和提高素养的专业场所。自1959年上海音乐厅问世到今天，它为上海打造文化大都市添砖加瓦，成为培养我们并共同成长的音乐摇篮。许多优秀音乐作品从这里传播开去，其中就有吕其明的管弦乐序曲《红旗颂》。有不少我们熟悉的本土音乐家从这里走向世界：闵惠芬、朱践耳、陈燮阳、高曼华、胡晓平和黄英。

同时，还有世界各地的优秀音乐家和乐团来到这个舞台：著名小提琴家思特恩、阿卡多、朱克曼和奥伊斯特拉赫；著名大提琴家马友友，钢琴家拉罗查、傅聪和殷承宗，著名长笛演奏家郎帕尔……还有巴伐利亚广播交响乐团、意大利国际乐团、费城交响乐团室内乐团、朱丽亚弦乐四重奏团、香港管弦乐团。尤其是2001年的肖邦钢琴作品全集（12套）音乐会，特邀波兰国立肖邦音乐学院分12场演奏，为我国首次演出世界音乐巨匠作品全集。

对上海人来说，这里还有个令人难忘的"星期广播音乐会"，上海人称之为"星广会"。她已成为城市的一个文化符号，成为中国一个最早的音乐普及品牌，成为一个集体记忆，成为千万爱乐人心中的圣殿。

1982年1月24日，第一期星期广播音乐会在上海音乐厅举行，一下子就吸引了千万双耳朵。为满足广大市民要求，音乐会采取现场演出与广播现场直播同步进行。

第一期节目被称为声乐器乐综合场，由上海乐团、芭蕾舞团、民乐团、歌剧院、电影乐团和音乐学院强强联手。刚从文化荒漠日子过来的听众沸腾了，"星广会"一时间竟带动了半导体收音机的热销。"星广会"培养了一大批乐迷，许多人通过它走进了古典音乐的殿堂。有的听众表示：哪怕是到上海音乐厅收票、领位，只要能听到"星广会"，都能接受。

有人说，衡量一个音乐厅成就的标杆，要看它在构筑国际性、经典性和艺术性的同时，能否真正成为大众的精神乐园。跳动的音符告诉我们，上海音乐厅做到了。1994年上海音乐厅又推出了首期双周免费星期音乐会，1996年举办交响乐讲解音乐会，2000年开展星期六学生乐团展演活动……

跨进21世纪的上海音乐厅要搬家了。这个家搬得非同寻常，它是一栋建筑的整体搬家，也称"平移"。对上海音乐厅来说，其实是平移＋重建。

故土难离，但搬家势在必行。从音乐厅本身来说，一是原有面积较小、空间有限，又无停车场等因素影响了进一步发展，不能适应国际大都市音乐欣赏和文化消费新需求；二是建筑老化，已入古稀之年。从客观来看，延安路高架拓宽和延中绿地建设要求上海音乐厅配合进行平移。于是，上海市政府决定对上海音乐厅进行搬迁，同时对建筑进行保护性修缮和部分扩建。

2002年8月31日，上海音乐厅举行平移重建前的最后一场告别音乐会，以"再见，我的珍爱"为主题。9月1日，"平移和完善功能性修缮"工程展开。

按计划，上海音乐厅需要整体向东南方向平移66.4米，离开它生活了七十三年的地方。经讨论，施工方决定采用较为稳妥的抬升平移方法，并选择了曾经平移过刘长胜故居的上海联圣建筑工程有限公司负责平移。

2003年4月15日上午十时，上海音乐厅平移工程开始。工程分三个阶段：第一阶段是在原地向上顶升1.7米，第二阶段是在顶升后向南平移66.46米，第三阶段是移至新址后再往上顶升1.68米。

投资5000万的平移工程艰巨，没有国内外相同或类似经验可供参考，其中难度最大是平移前的同步顶升。由于上海音乐厅建造年代久远，混凝土强度较低，大厅内部结构相对空旷，建筑整体刚度较差，如此庞大的建筑在顶升一瞬间，内部受力体系将出现变化，稍有不慎就会对建筑结构产生破坏。施工人员克服重重困难，历时两月，终于创造了世界建筑史的一个先例和奇迹。

2003年6月17日，平移工程完成。一个崭新的上海音乐厅展现在世人面前。它与上海博物馆、上海大剧院构成上海市中心一个高尚文化艺术圈。

平移后，经测试，上海音乐厅引以为傲的混响时间从之前的混音时间1.5秒提至维护修缮后的1.83秒。同时，噪声指标从42分贝降低到29分贝，这是由于老建筑大地板和新地基间新加隔震装置阻隔了附近地铁噪声。此外，鉴于舞台深度加大一倍和副台的扩建，施工方采用压缩舞台上方空间和安装固定反音板来保证音响效果。这一切措施，令它的声音效果丰满浑厚，逼真度高，层次感强，富有张力。意大利钢琴巨匠毛里奇奥·波利尼演出后评价道："上海音乐厅是我在中国遇到的音响效果最好的音乐厅。"

上海音乐厅不仅保留了原有形式和内部装饰，而且对外立面结构、使用功能和音质效果等方面都作出了改善与提升，达到了预期的效果。如在增加观众容量方面，演出厅一楼后区被改为阶梯状，观众席从原来1122座增至1200个。音乐厅设置了国内罕见的价格低廉的站票区。扩建的西部和北部使音乐厅有了更大的空间。

2004年国庆之日，上海音乐厅进行了新址的首演音乐会：由英国皇家爱乐乐团演出柴可夫斯基和贝多芬作品专场。

爱音乐、爱音乐家、爱音乐听众、坚持"高品质，世界级"演出理念的上海音乐厅，将给我们留下更多的美好记忆。

星光
璀璨

上海孙中山故居外景

【红·点】上海孙中山故居纪念馆 香山路 7 号

【红·片】中国共产党代表团驻沪办事处（周公馆）旧址 思南路 73 号

大同幼稚园旧址 南昌路 48 号

中国共产党发起组成立地（《新青年》编辑部）旧址 南昌路 100 弄 2 号

杨杏佛旧居 南昌路 100 弄 7 号

第一次国共合作时期国民党上海执行部旧址 南昌路 180 号

香山路的灯光

去香山路 7 号中山故居那天，是个冬日的雨天。随我一同去的，还有孩子和其同学，他们要完成学校布置的社会访问作业。

我在电视台工作时，每年总有两回看到市有关方面领导参观孙中山故居纪念馆、瞻仰孙中山的报道：一次是孙中山先生诞辰日，还有一次则是孙先生逝世的日子。

读小学时，我经常路过香山路。那时，我就读的复兴中路第一小学在思南路、复兴中路十字路口东南角。去学校常走的一条路线就是：从我家住的茂名南路 163 弄出发，穿弄堂到瑞金二路 70 弄，出来正对着香山路；然后走香山路朝南，右转弯上思南路；再从思南路到复兴中路左拐，到达目的地。回家反之。

原先住得那么近，我却没去过中山故居，只因在我读小学一年级时，"文革"爆发，直到中学毕业还未结束。那时虽有空闲，但故居不开放；后来故居开放了，我却忙于工作，不得空闲。

中国不少的大中小城市里，都有中山路和中山公园，为的是纪念这位中国民主革命的先行者。在此之前，我去过了南京的中山陵，广州的中山纪念堂。那个雨天，我走进了上海香山路的中山故居。

故居还未开门，我们先在隔壁的陈列室参观。后来才知道，这里原来住居民，是动迁后新辟的内容。

孙中山在入住香山路前，已多次来过上海。有人做过统计，说达二十多次。住得距香山路不远的地址是淮海中路 650 弄 3 号（原宝昌路 408 号）：自武昌起义后的 1911 年（清宣统三年）12 月 25 日入住直至 1913 年 3 月。这栋三层花园住宅，为沪军都督府替他备下的，也被叫做"孙中山行馆"。1912 年元旦上午，孙中山就是从这里赴南京，宣誓就任中华民国临时大总统。

1916 年初夏，已与宋庆龄结婚的孙中山自日本到上海。夫妇俩住的是南昌路 59 号（原环龙路 63 号）。这幢二层楼房是租的，距此后住的香山路住宅更近。深灰色的两层小楼是他们在上海的最早寓所，也称"孙中山寓所"。孙中山在此反张勋复辟，发讨逆宣言，并于 1917 年 2 月写成《社会建设》（《民权初步》）和英文《实业计划》一书的"第一计划"。

见为革命多次往返上海的孙中山居无定所，孙中山同盟会的老同志许崇智买下香山路 7 号（原莫利哀路 29 号）相赠。后因革命急需经费，孙中山又将房抵押给银行。国民党海外支部得知后，发动侨胞募资赎回。这是关于香山路 7 号这幢两层欧式楼房由来的一种说法。另一种说法是：1918 年，四位加拿大华侨见孙中山当时住的南昌路寓所陈旧破损，从准备在上海开化妆品厂的资金中抽出一笔钱，买下这栋房子送给了孙中山。

说法虽不相同，但我们从中看到了一个伟大革命者的品质：廉洁和清贫。孙中山先生出任过中华民国临时大总统、国民党的理事长、中华革命党的总理、护法军政府的海陆军大元帅、非常大总统等党内外要职。他一心为革命一心为人民，不图任何私利。这所别人赠送的房子，成了他留下的唯一财产。他居住在香山路时，穿的是中装，吃的就是简简单单的三四个小菜，出行也没有自备车。他个人不领取薪水，每月的日常开销由党本部入账。

雨还是"滴滴答答"下着。我们走过一条短小的夹弄，来到孙中山的故居。进楼房的门还是没开，我们就到楼南面的走廊和草地拍照留念。

中山故居建于 20 世纪初，楼前这片正方形的草坪不大，约半个篮球场大小。草坪北面对着楼，其他三面种着低矮的冬青和高大的玉兰树和松柏。一旁的景观灯，想来夜晚打开时，会增添不少的静谧。1924 年 5 月 5 日，为了纪念孙中山就任非常大总统三周年，国共两党的同志曾在这里拍照合影，其中就有毛泽东、邓中夏和恽代英等人。

这时，听到有人在喊"可以参观了"，我们赶忙绕到楼房的西面，准备从厨房间进入孙中山故居。大家坐在厨房里，从一个箱子里拿出塑料鞋套，一一套在鞋上。

厨房间里的煤气灶我是熟悉的，它与过去老邻居家的那种十分相像。它有四个灶眼，还有夹子可用来烤面包。墙壁上有个箱子引起了我们的好奇，上有几排由 1 到 8 的阿拉伯数字。我们问讲解员这是什么。

讲解员解释：每个号码代表一个房间。用人在这里看到哪个号码动了，就知道哪个房间在召唤。我们又问 1 号是哪个房间。

"知道这个有什么意思啊。"她答道。

到底是没有意思，还是不知道意思？

为我们从底楼讲解到楼上、从一个房间讲解到另一个房间的小伙子倒是很实在。孩子提问："宋庆龄是基督教徒，怎么屋里还摆着佛像？"

小伙子说："我也不知道。"

故居里的书可真是不少，内容包括政、军、经、史等中外文藏书五千四百多册。除了书房，走廊和过道上也放着一个个书橱。我看见过道上的几个书橱里面已经无书，而是放着书的照片。小伙子告诉我，这是为了更好地保护原来的书籍。

这里是孙中山生前所居住的最后寓所。底楼是客厅、餐厅，二楼是书房、卧室、客厅和室内阳台。屋内的绝大部分物品为原物，现在的布局是 1956 年依宋庆龄回忆，按照当时的原样而定的。

1918 年 6 月 26 日，孙中山宋庆龄夫妇从南昌路搬入香山路 7 号。1924 年 11 月 23 日，孙中山应冯玉祥之邀离沪北上。虽然在这里只度过了六年多的光景，但香山路的日子已成为孙中山一生中的一个重要节点，成为了中国当代史的一个纪念地。香山路上的灯光，吸引了多少双眼睛……

在香山路的灯光里，孙中山于1918至1919年写下了《孙文学说》《实业计划》和《民权初步》等重要著作，完成了从一个旧三民主义者向新三民主义者的转变，改旧三民主义为新三民主义：在"民族"中，突出了反帝内容；在"民权"中，强调了民主权利应为"一般平民所共有"；在"民生"中，以"平均地权"和"节制资本"为两大原则。

在香山路的灯光里，孙中山奠定了第一次国共合作的基础，描绘了"联俄、联共、扶助农工""三大革命政策"的基本蓝图。1920年11月，他会见经陈独秀介绍的俄共（布）远东局代表维经斯基，详询俄国革命的情况，要求建立电台联系。1922年8月23日，他会见李大钊等中国共产党领导人，后又会见苏俄代表马林；他们连续讨论中国革命、改组国民党和国共合作等问题。1923年元旦，孙中山发表《中国国民党宣言》。同月17日，他会见上海各界代表，号召为中国成独立国家而奋斗。两日后，他与苏俄特使越飞会谈，同月26日发表《孙文越飞联合宣言》。

孙中山离世后，居住在此的宋庆龄继续践行先生遗志。她与美国记者史沫特莱、斯诺和英国作家萧伯纳在此畅谈，会见中共代表周恩来、秦邦宪、林伯渠等人，直到1937年"八·一三事变"后才撤离。抗战胜利后，宋庆龄将这所住宅赠予国民政府作为永久性纪念地。

1959年5月26日，孙中山故居被公布为"上海市文物保护单位"。两年后的3月4日，故居又被列入"全国首批重点文物保护单位"。1976年后，故居进行了较大的整修。

出了中山故居，雨还是下个不停。霏霏细雨中，孙中山先生的铜像焕然如新。先生的双目，炯炯有神。

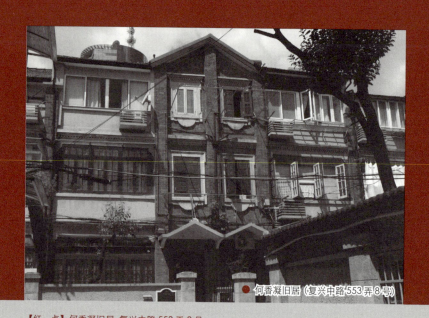

何香凝旧居（复兴中路553弄8号）

何香凝的保险箱

　　从老西门一直延伸到淡水路，复兴中路两旁都是住宅区，多为石库门建筑。而自淡水路往西，则是以公寓和新式里弄唱主角，其中在上海滩出名的，有复兴坊（辣斐坊）、花园坊、金亚尔培公寓（陕南邨）、马立斯别墅（瑞金宾馆）、黑石公寓（复兴公寓）和克莱门公寓（玉石公寓）等。

　　居住在复兴中路的名人不少。就说我老家附近的陕南邨吧，有影星王丹凤、作家黄裳等，还有著名摄影家舒宗侨。要说这条路所住名人的影响力谁最大，恐怕要数何香凝先生了。

何香凝故居在辣斐坊（今复兴坊，复兴中路553弄）。辣斐坊占地0.8公顷，共有楼房95幢，建于1928年，是新式里弄住宅。坊名取自于1918年改的路名——辣斐德路，以法国大革命时期著名将军"辣斐德"的名字命名。之后，这条路在1945年改叫复兴中路，辣斐坊随之改名为复兴坊。

故居在坊间8号。据说，此房还是宋子文介绍的。坐西向东的住宅共三层，底楼是会客厅，二层是何香凝的卧室。宅外有院墙，进门有一方小空地，植有两棵大树。2001年，何香凝旧居被列为"上海市文物保护单位"。十多年后，复兴坊名列"上海市第四批优秀历史建筑"。

何香凝生于1878年，广东南海人，1972年在北京病逝。她是孙中山先生的亲密战友廖仲恺先生的夫人，国民党革命派的杰出代表。

1905年，她在日本参加同盟会，追随孙中山，从事辛亥革命以及讨伐袁世凯和护法运动等活动。1924年，她支持孙中山制定新三民主义革命纲领，坚持"联俄、联共、扶助农工"的三大政策，赞同改组国民党，促成同中国共产党的合作。她还担任过国民党中央执行委员及妇女部部长一职，在1927年蒋介石发动"四·一二"反革命政变后辞职。1947年，她与李济深等人组建了中国国民党革命委员会。中华人民共和国成立后，她先后担任全国政协副主席、全国人大常委会副委员长、民革中央主席和全国妇联名誉主席等职。

何香凝不仅是著名的政治活动家，还是丹青高手，署名"双清楼主"。曾经就读东京本乡女子美术学校日本画高等科并拜师日本帝室画师的她，善画山水花卉，特别是工于狮、虎、鹿和鹤等动物。

她曾被推选为中国美术家协会主席。20世纪70年代初，我在杭州书画社见过她画的梅花，分外精神。其子廖承志曾任全国人大常委会副委员长，也有这方面的传承。我曾看过他抗战时所作的漫画，叫人忍俊不禁。

在8号，何香凝从1927到1937年住了整整十年。那是中国社会风云变幻、时局动荡的十年，其间，有多少世人瞩目的事儿在此发生。

刚搬来不久时，她拒绝为蒋介石宋美龄结婚作证婚人。1932年，一·二八淞沪抗战爆发，她与宋庆龄等组织伤兵医院，发起抗日将士慰劳会，并在家门口张贴"此处接受热心援助"。同时，她又组织国难救护队支援东北抗日义勇军。1933年3月，廖承志被国民党逮捕。何香凝在此向记者发表讲话，与宋庆龄等人展开营救。廖承志出狱后，也住在8号里。1934年，她参与筹划"中华民族武装自卫委员会"。1936年，"七君子"被捕，她又大声疾呼放人。到1937年6月，她又与宋庆龄等人发起营救"七君子"的"救国入狱"运动。7月5日，何香凝在此致函宋子文、孙科，怒斥国民党政府违背孙中山先生的"三大政策"。

"七七事变"卢沟桥枪响宣告抗日战争全面爆发。7月22日，何香凝与宋庆龄发起组织中国妇女抗敌后援会，她任主席。家里不仅是后援会的成立地，也成了办公地。1937年11月12日，上海华界沦陷后，租界成为"孤岛"，何香凝的抗日活动受到严密监视。她于1937年12月离开生活了十年的复兴坊，迁居香港，继续从事抗日救亡活动。

前些年，我在银行博物馆采访时，听到这样一个故事。

1955 年 8 月，《解放日报》在 10、12、14 日三次刊发同一公告：中南银行保管箱库房因有另用，望租户前来办理退租手续。逾期不办者，将由上海市第一公证处到场公证，协同破箱。

中南银行是一家侨商银行，由南洋华侨黄奕柱 1921 年在上海创立，位于汉口路 110 号。人们把它与大陆银行、盐业银行和金城银行一起合称为"北四行"。中南银行总经理胡笔江，被毛泽东称为"金融巨子"。银行开业不久，就成立信托部，开展代客户保管贵重物品等业务。1952 年，该行公私合营。

保管箱出租是上海老银行开办的一项业务，代为客户保管有价证券、契约、金银首饰、古玩等。其实，它就是银行出租的私人保险箱。到 20 世纪 80 年代后，这项业务又在上海的银行业恢复。

据银行"老法师"介绍，"保管箱库用钢筋水泥建成，内体六面都为厚实的钢板结构，钢质的库门，厚达三十到四十厘米。整个箱库具有极好的防火、防水等密封性能。"除此之外，银行还有警卫值班巡逻，并安装了其他的保卫设备，使库里的保管箱更是固若金汤。

中南银行保管箱库房在清理中发现：有个编号 286 的保管箱早在 1939 年 5 月 1 日就到期了，逾期欠租达十七年之久，租户为陈仲香。破箱后发现箱内有何香凝的私人信函、文件和文稿，毛泽东、朱德照片十二张，以及一百五十五枚银元和一些双毫银角。

银行方面通过北京华侨事务委员会与何香凝联系，不久就收到何香凝的来信。在信中她写道："我确以陈仲香名义开用保险箱一个，但至今年月已久，保险箱号码凭证及图章等物，亦于战乱一应散失无遗，是以长时期来未能办理认领手续。现经贵行查明清理，得以回收文件、照片等纪念物品，以为喜慰，关于所欠各项手续费及租金自应悉数清缴。该款请将原存保险箱内的银圆及双毫兑换为人民币缴纳，余款文件照片等物，即委托贵行转托便人妥为带回北京，是所至幸。"

何香凝的这封信以及她收到余款、文件和照片后的回信现在均收藏在上海的银行博物馆里。

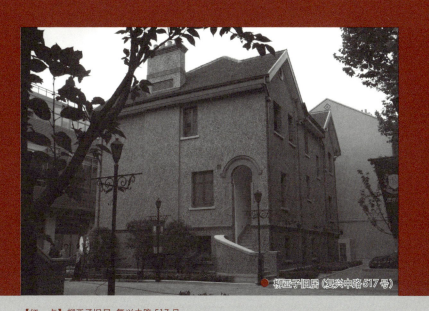
柳亚子旧居（复兴中路517号）

【红·点】柳亚子旧居 复兴中路 517 号
【红·片】何香凝旧居 复兴中路 553 弄 8 号
史良旧居 复兴中路 553 弄 1 号
韬奋故居 重庆南路 205 弄 54 号
中共上海区委早期党校旧址 复兴中路 239 弄 4 号，现为 115 地块
又新印刷所旧址 复兴中路 221 弄 12 号，现为 115 地块
蔡廷锴旧居 绍兴路 18 弄

"和柳亚子先生"

　　复兴中路两旁高大的梧桐树，搭起一条绿色的长廊。当空中飘起毛毛细雨时，人们走在其中用不着撑伞。这条路不是一次筑成的。从清末修到今天的鲁班路，到民国初的 1914 年才基本完成，取名为法华路。它全长 3494 米，东起西藏南路，西至淮海中路。若要用一个词来定义复兴中路，似乎只有"儒雅"才能配得上。

　　与何香凝所住复兴坊不远的是柳亚子的住处。在上海，柳亚子住过的地方不少，但多在法租界内。1906到1907年，柳亚子住在宝昌路鼎吉里4号（今淮海中路114弄）。1926年，他居于望志路（今兴业路）永吉里。打从1932年住到辣斐德路（复兴中路）424号后，他就再没离开过这条路。他两年后搬至1257号，过了两年又迁至557号（今517号，柳亚子旧居）。1940年12月13日，柳亚子离沪赴港，五年后回来仍住在557号，直到1947年10月18日再次离沪。搬来搬去，他还是难离难舍这条路。

出生于1887年（清光绪十三年）5月28日的柳亚子，是江苏省苏州市吴江区黎里镇人，原名慰高，字安如。后因崇拜卢梭和辛弃疾，先改字为人权、号亚庐，后又改名为弃疾、字稼轩、号亚子，最后用"亚子"统一名号。他十六岁中秀才，二十二岁成为宣扬资产阶级民主革命的反清文学团体南社的发起人和主持者。

说起来，我们还是在毛主席的诗词里知道柳亚子的。当时，毛泽东公开发表的诗词共三十四首，其中《七律·和柳亚子先生》和《浣溪沙·和柳亚子先生》两首出现柳亚子的大名，还附了他被和的原词。

在毛泽东与柳亚子唱和的这两首词里，就有被我们经常援引的金句："风物长宜放眼量"，"莫道昆明池水浅，观鱼胜过富春江"（《七律·和柳亚子先生》）；"一唱雄鸡天下白"，"诗人兴会更无前"（《浣溪沙·和柳亚子先生》）。

实际上，在那时公开的毛主席诗词里，还有一首也与柳亚子有关，那就是大气磅礴的《沁园春·雪》。毛泽东在《七律·和柳亚子先生》中写"索句渝州叶正黄"，这说的是1945年9月6日，前来国共谈判的毛泽东忙里抽闲，走进了重庆沙坪坝南开学校津南村的柳亚子寓所。柳亚子请毛泽东校正《七律·长征》，他编的《民国诗选》要收此诗，同时向毛泽东索其他的诗。10月7日，毛泽东题赠柳亚子《沁园春·雪》。柳亚子将毛泽东的赠词与自己的和词《沁园春·次韵和毛润之咏雪之作，不尽依原题意也》在"柳诗尹（瘦石）画联展"亮出，并将两首诗词一并送到《新华日报》。11 月 11 日，《新华日报》发表了柳亚子的和词。

其实，《沁园春·雪》自"诗画联展"露面后已悄然传开。当柳亚子和词发表而不见被和的毛泽东原词，打听者和好奇者就更多了。三天后，著名剧作家吴祖光将《沁园春·雪》发表在其负责的《新民报·晚刊》的副刊上，重庆为之震动。记得一著名作家说，他就是因为读了这首词后折服于毛泽东的文韬武略而投奔了共产党。

柳亚子首先是个诗人，著有《磨剑室诗词集》《柳亚子诗词选》等作品。据不完全统计，现留有他的二百首词和七千多首诗。但他不单是个诗人，也是一名战士。他十九岁加入光复会和同盟会，做过孙中山临时大总统府的秘书，当选过国民党中央监察委员。

1925 年廖仲恺被刺、1926 年"中山舰"事件后，柳亚子对此发表了《告国民党同志书》，揭露国民党右派的反革命本质。1926 年 5 月，蒋介石在广州召开的国民党二届二中全会上，提出排斥共产党、旨在夺权的《整理党务决议案》。柳亚子投票反对并当面质问蒋介石，这给与会的以共产党员身份任国民党中央宣传部代理部长的毛泽东印象深刻。时隔二十三年后，毛泽东还说"饮茶粤海未能忘"（《七律·和柳亚子先生》），追叙自己与柳亚子的相见。

蒋介石发动"四·一二"政变后，柳亚子被通缉，他于 1927 年 5 月逃往日本。1928 年回国，柳亚子后因谴责蒋介石发动"皖南事变"被开除党籍。1948 年，他参与发起成立中国国民党革命委员会（"民革"），任中央常委兼监察委员会主席。

今天的柳亚子旧居，原为冯（玉祥）公馆。这栋法式花园洋房建于1926年，十年后被柳亚子租下。二楼是客厅，他办公和起居则在三楼。自1932年被聘为上海通志馆馆长后，这里其实就成为他修史编志之地。

当时，上海无一汇集地方文献的机构。柳亚子带属下先普查全市图书馆庋藏的上海地方文献，然后进行收集、整理和研究。柳亚子治学严谨，每稿必审。截至1937年"八·一三"事变时，他亲自主编的《上海市通志》已完成初稿十一编、近千万字。中华书局出了部分清样，后因抗战全面爆发而未能问世。同时，他还出版了不少上海史料：有1933年创刊的《上海通志馆期刊》（八期），有1934年编印的《上海市年鉴》（三部）。此外，在他的支持下，1935年上海通社成立，编印了《上海研究资料》（二本）和《上海研究资料续集》近百万字。1940年离沪前，他将通志馆资料等藏于震旦大学，至抗战胜利后完璧而归。

当上海华界沦陷、租界成为"孤岛"时，柳亚子把寓所称为"活埋庵"。但他的心未被活埋，他与何香凝等积极从事抗日救国活动。而此时此景，又令他重拾原先就有兴趣的南明史及史可法等抗清民族志士的故事。可吴江早已沦陷，家乡所藏图书文献无法取出。他一面向胡朴安、朱希祖借阅资料，一面花二十天时间，竟然把借自郑振铎的善本五十六卷《南疆逸史》一一抄下。一天，柳亚子在看了阿英创作的反映南明志士复明抗清的话剧《碧血花》后，赞扬不已。柳亚子与阿英初识后，觉得非常谈得来，与阿英开始几乎每日一信的南明史事讨论，并从阿英那里借得其几十本南明史藏书。在沉浸于南明历史的同时，他还在此完成了南社史料的编纂。

冬去春来。1949年2月，毛泽东专发电报给柳亚子，邀请他北上参加新政协筹备。他应邀出席了中国人民政治协商会议第一届全体会议。10月，中华人民共和国成立后，柳亚子当选为中央人民政府委员和第一届全国人大常委委员，并任政务院文教委员、华东行政委员会副主席和中央文史馆副馆长等职。

　　1950年，他告别上海，迁居北京。临行前，他将所藏明清古籍、南明和南社等史料文献四万四千册捐献给国家，并把复兴中路寓所内的书籍赠予上海历史博物馆。1958年6月21日，柳亚子在京病逝，毛泽东送花圈，刘少奇和周恩来等主祭送葬。

● 韬奋纪念馆（重庆南路205弄54号）

【红·点】韬奋故居 重庆南路 205 弄 54 号
【红·片】何香凝旧居 复兴中路 553 弄 8 号
史良旧居 复兴中路 553 弄 1 号
柳亚子旧居 复兴中路 517 号
中共上海区委早期党校旧址 复兴中路 239 弄 4 号，现为 115 地块
又新印刷所旧址 复兴中路 221 弄 12 号，现为 115 地块
《中国青年》编辑部旧址 淡水路 66 弄 4 号
青年会协会大楼（全国各界救国联合会成立地点旧址） 虎丘路 131 号
蔡廷锴旧居 绍兴路 18 弄

韬奋与《生活》周刊

过复兴中路，沿重庆南路往南走不远，就可看到路东一个弄堂口上方，有一匾横幅，上写"韬奋纪念馆"。一旁的门牌是重庆南路205弄，此弄又称"万宜坊"。

纪念馆在弄内53和54号，邹韬奋住过54号，53号则是陈列室。1956年，经文化部批准，上海市政府出资修复韬奋故居，建韬奋纪念馆。纪念馆开馆于1958年11月5日，那是邹韬奋诞辰63周年纪念日。1959年5月26日，韬奋纪念馆被公布为"上海市文物保护单位"。

1930年，邹韬奋搬进万宜坊。1937年7月31日出狱后，他便不在此居住了。貌似住了七年，其实只有四年，其中两年多他流亡海外，还坐牢八个月。

住这儿后，他参加了中国民权保障同盟，并成为执行委员。1933年6月18日，该同盟总干事杨杏佛被国民党特务暗杀。上了暗杀黑名单的邹韬奋于当年7月14日离沪，流亡欧美，直到1935年8月才离美回国。

我第一次走进万宜坊，是在1981年的一个夜晚。那时，我还在读大学，随班里同学阿伦去弄堂内他一个朋友家。闲谈中，那朋友说，邹韬奋过去就住在这弄堂里。那时，弄堂口没有那块纪念馆的匾额。我们对邹韬奋先生的了解，也只知道他是著名的"七君子"之一。题写纪念馆名字的沈钧儒先生，也是其中的一位。

时间闪回到1936年11月22日深夜。万宜坊的宁静被突然打破，破门而入的国民党军警抓走了邹韬奋。就在这一天里，国民政府还以"危害民国"罪逮捕沈钧儒、章乃器、李公朴、沙千里、王造时、和史良等六人。这七人均为全国各界救国联合会的常委或执行委员，史称"七君子事件"。

那年5月31日，全国各界救国联合会响应中国共产党建立抗日民族统一战线号召成立后，发出《抗日救国初步政治纲领》《团结御侮的基本条件与最低要求》公开信，呼吁蒋介石及国民党政府"应该赶快消灭过去的成见，联合各党各派，为抗日救国而共同奋斗"。国内日益高涨的抗日救亡运动令蒋介石坐立不安，"七君子"成了他的眼中钉。

"七君子事件"震惊海内外，一场声势浩大的营救也即刻在全国展开。延安《红色中华报》发表《反对南京政府实施高压政策》；宋庆龄、何香凝等发起要与"七君子"一同坐牢直到释放的"救国入狱"运动；于右任、孙科等联名致电蒋介石要"郑重处理"；冯玉祥等在南京征集十万人签名营救；北平学生举行罢课、示威并派代表赴宁请愿；就连罗曼·罗兰等国际友人也致电国民党政府要求放人……

当局在延长羁押两个月后，于1937年4月向"七君子"提起起诉书，并于6月两次在江苏省高等法院开庭审讯。一个月后，抗战全面爆发。7月31日，"七君子"出狱。重获自由的邹韬奋说："我们报答之道，只有更努力于救国运动，更致力于大众谋福利的工作。"

出生于1895年(清光绪二十一年)11月5日的邹韬奋，原名恩润，曾用名李晋卿。"韬奋"是他主编《生活》周刊后的笔名。他说起过取名之意："韬是韬光养晦的韬，奋是奋斗的奋。一面要韬光养晦，一面要奋斗。"

他出生于福建省永安县，此时已家道没落。他学习用功，先后就读南洋公学附小、中院和上院机电工程科。1919年他转入文科，由南洋公学进入圣约翰大学。1921年，毕业后的文学士邹韬奋想进入新闻界，但时无机会，先在上海厚生纱布交易所做英文秘书。翌年，经黄炎培先生介绍，他在中华职业教育社（"职教社"）任编辑部主任，负责《教育与职业》月刊及《职业教育丛书》等编辑工作。

1926年10月，职教社机关刊物《生活》周刊主笔王志莘离职去银行，邹韬奋接手负责。早想大干一场的他，对周刊进行了从内容到版式脱胎换骨的改变。从原来只传播职业界资讯、教育等，变为"暗示人生修养，唤起服务精神，力谋社会改造"的办刊宗旨。刊物不仅增加了海外信息，加强了可读性和趣味性，更重要的是大大提高了战斗性。

1931年，国民党中央执委、兼交通部长的上海大夏大学校长王伯群，造"金屋"与本校学生保志宁结婚。邹韬奋刊登读者要求揭露的来信并查明：王伯群的别墅由承建交通部办公楼及大夏大学教学楼的辛丰记营造厂建造；他的"金屋"造价不下五十万，但辛丰记营造厂只收约二十万。王伯群用十万元封邹韬奋之口不成，又以匿名信恐吓他。

● 《生活》周刊（1931年第六卷第四十三期）

《生活星期刊》（第一卷第二十四号）

邹韬奋在《生活》周刊署名陈淡泉发《对王保（君）应作进一步的批评》，并配上了记者所拍摄的"金屋"照片五张。他在《编者附言》中指出：王伯群"个人的穷奢纵欲，实为国民的罪人"。不久，有监察委员对王发起弹劾。至年底，王伯群辞职。此时，周刊的发行量从赠送为主的两千多份达到十五万五千份。

《生活》周刊不仅敢同丑恶斗争，更成为宣传团结抗日、反对内战投降的一个重要舆论阵地。"九一八"事变后，调整后的周刊"成为新闻评述性质的周报"，"变为主持正义的舆论机关"。周刊每期用大量篇幅揭露日军罪行，报道抵抗消息和批评不抵抗主义，募款十二万元支援东北抗日部队。1932年，淞沪抗战打响。邹韬奋加编《紧急临时周刊》，并为十九路军征募军需品、慰劳品，设沪西伤兵医院。

迫于蒋介石的高压政策，"职教社"脱离了《生活》周刊，邹韬奋开始独立运作。1932年7月，生活书店创立，邹韬奋任总经理。书店既可扩大宣传，又可在周刊被封后保存阵地。生活书店成立后，短短几年内，先后出版了数十种进步刊物和近千种图书，其中《战时读本》和《大众读物》销量过百万册。在国共合作时期，它还尽可能多地出版了马列主义、革命文化的书刊。1933 年 7 月，国民党政府禁止《生活》周刊在豫、鄂、赣、皖等省邮递，后又全国禁邮。1933 年 12 月，《生活》周刊被封。最后的第八卷第五十期上刊发了邹韬奋的《与读者诸君告别》，这是他早已写好的文章。

1935 年 11 月 16 日，邹韬奋在沪创办了《大众生活》周刊。由于旗帜鲜明地支持"一二·九"学生爱国运动，到 12 月，《大众生活》周刊发行量就达 20 万份，创造当时中国杂志的销售纪

● 1937 年的生活书店重庆分店

录。不到一年，出至第十六期的《大众生活》在 1936 年 2 月 29 日被封。3 月，邹韬奋离沪到港。6 月 7 日《生活日报》出版。因交通不便，报纸需一周才能到沪，新闻时效深受影响，于是他决定把它移至上海出版。没料到，8 月 1 日转到上海后复刊不成，邹韬奋便将该刊"星期增刊"扩充更名为《生活星期刊》出版。战斗仍在继续。

万宜坊的韬奋故居为法式三层新式里弄建筑，建于 1929 年。底楼是会客室兼餐室，卧室在二楼，三楼借友居住。邹韬奋就在七平方米的亭子间内写作。除了去距家不远的环龙路（今南昌路）、华龙路（雁荡路）的《生活》周刊社，他大多在家中编周刊、写时评。

1937 年，全国抗战爆发。在离开万宜坊后，获释出狱不久的邹

韬奋就在 8 月 9 日推出《抗战》，19 日创办《抗战》三日刊。翌年 7 月该刊与《全民》周刊合并，改名为《全民抗战》三日刊。上海沦陷后，他转至武汉，继续主编《抗战》。武汉沦陷后，他又转至重庆创办和主编《全民抗战》。在不到两年时间里，生活书店在全国各地的分支机构扩展到了五十多家。

1939 年 4 月，西安生活书店被国民党当局查封。到 1941 年 2 月，除重庆分店外，在国统区的五十多家分店全部被封。同样，读书出版社和新知书店除重庆外的所有分店也被封了。同月 15 日，在第二届国民参政会第一次会议行将开幕前，邹韬奋辞去了国民参政员。他在辞职信中写道："一部分文化事业被违法摧残之事小，民权毫无保障之事大。"5 月 17 日，他在香港重办《大众生活》，发行量很快就达十万份。

邹韬奋一生主办过六次报刊、两家书店，往往是一刊被停，一刊又起，前赴后继，影响力可谓广泛而深远。毛泽东称赞道："我们干革命有两支队伍，武的是八路军，文的是邹韬奋在上海办刊物，开书店。"

太平洋战争爆发后，日军占领香港。1942 年 1 月 11 日，中共安排邹韬奋离港赴东江游击区。4 月他居于梅县江头村，9 月 27 日去上海后转入苏北抗日根据地。1943 年 3 月，他因患耳癌秘密返沪就医。1944 年 7 月 24 日，邹韬奋在上海医院（今市二医院）不幸逝世，年仅四十九岁。病中，他口授遗嘱，再次表达加入中国共产党的要求与愿望。9 月 28 日，中共中央追认邹韬奋为中国共产党党员。

1984 年，《青年报》创办《生活周刊》，报名用的是邹韬奋的手迹。我有幸参加了成立会，并成了周刊《大特写》的主要作者之一。之后，我又有幸忝列上海长江韬奋奖候选人，得票排名是当届第一。

韬奋精神就是热爱祖国，真诚为民服务；鞠躬尽瘁，死而后已；不畏权势，敢说真话；为理想奋斗不息，为真理宁死不屈。邹韬奋一生以犀利之笔铸造丰碑：韬光养晦是形，奋斗不懈才是骨。

图书在版编目（CIP）数据

黄浦别样红 / 袁念琪著. -- 上海：上海文化出版社, 2024.10

ISBN 978-7-5535-2202-9

Ⅰ.①黄… Ⅱ.①袁… Ⅲ.①革命史 - 黄浦区 Ⅳ.①K295.13

中国版本图书馆CIP数据核字(2021)第014566号

中共上海市黄浦区委宣传部资助项目

出 版 人：姜逸青
策划编辑：赵光敏
责任编辑：顾杏娣
装帧设计：介太书衣 叶 珺
排版制作：华 婵

书　　名：黄浦别样红
作　　者：袁念琪
出　　版：上海世纪出版集团 上海文化出版社
地　　址：上海市闵行区号景路159弄A座三楼 201101
发　　行：上海文艺出版社发行中心
　　　　　上海市闵行区号景路159弄A座二楼 201101
印　　刷：苏州市越洋印刷有限公司
开　　本：889×1194 1/32
印　　张：7.25
印　　次：2024年10月第一版 2024年10月第一次印刷
书　　号：ISBN978-7-5535-2202-9/K.242
定　　价：62.00元

告 读 者：如发现本书有质量问题请与印刷厂质量科联系 T：0512-68180628